EDÍLSON LOPES

Escola de Vendas K.L.A.

TÁTICAS, ESTRATÉGIAS E TÉCNICAS ENSINADAS EM UMA DAS MAIORES ESCOLAS DE VENDAS DO MUNDO

CB130776

Copyright© 2017 by KLA Educação Empresarial.
Todos os direitos desta edição são reservados à KLA Educação Empresarial.

Presidente:
Edílson Lopes

Capa, Projeto gráfico e diagramação
Candido de Castro Ferreira Jr.

Revisão:
Samuri José Prezzi

Impressão:
Rotermund

Comercialização e distribuição:
Literare Books International

Dados Internacionais de Catalogação na Publicação (CIP)
(Câmara Brasileira do Livro, SP, Brasil)

Lopes, Edílson
Escola de Vendas K.L.A. / Edílson Lopes. --
São Paulo : Literare Books, 2017.

ISBN 978-85-63178-82-4.

1. Administração de vendas 2. Clientes - Contatos 3. Escola de Vendas K.L.A. (São Paulo, SP) 4. Marketing 5. Vendas e vendedores 6. Vendedores - Treinamento 7. Sucesso em negócios I. Título.

15-04236 CDD-658.81

Índices para catálogo sistemático:

1. Escola de Vendas K.L.A : Administração de vendas 658.81

KLA Educação Empresarial
Av. Cidade Jardim, 400 - 7º andar - Complexo Regus - São Paulo – SP - CEP 01454-000
Fone/fax: (0**11) 2717-8268
Site: www.grupokla.com.br

NOTA DO AUTOR:

Este livro foi escrito com personagens e histórias fictícios. Esta foi a forma que encontrei para transmitir as Estratégias, Técnicas e Táticas que ensinamos aos milhares de Empresários, Diretores e Vendedores através da nossa Escola de Vendas K.L.A.

Apresentação

Na noite do dia 27 de Maio de 2015, por volta das 23h30min, um dos nossos principais instrutores, Naldo Gama, recebe a seguinte mensagem de voz em seu celular enviada pelo aluno, Alexandre Menezes:

"...muito obrigado por essa rica oportunidade de ser um aluno da Escola de Vendas K.L.A. Eu lhe digo que suas aulas têm mudado de forma poderosa o meu conceito em relação à empresa que trabalho. Depois que iniciei o curso, tudo mudou na minha vida. Milhares de empresários e vendedores necessitam desse grande produto..."

No dia seguinte Naldo Gama me envia a mensagem e entra em contato comigo via fone em seguida. Logo que atendo o telefone, ele pergunta:

— Você viu a mensagem que recebi ontem à noite?

— Claro que sim! – Respondi.

— Percebeu como as aulas da nossa Escola de Vendas estão transformando milhares de empresários, gerentes e vendedores por todo o Brasil? – perguntou ele.

— Este é o nosso objetivo. Levar conhecimento para todas as empresas do Brasil. Nosso grupo faz isso há mais de 15 anos – Respondi.

Este relato acima é verdadeiro. Isto é uma constante em toda a nossa rede no Brasil. Nosso foco foi e sempre será levar um conteúdo transformador para empresários, diretores e gerentes de vendas.

As 24 aulas ensinadas no módulo "Como se tornar um campeão de vendas" na Escola de Vendas K.L.A. são passadas neste livro por meio de histórias e fatos fictícios. Esta foi a forma que encontrei para lhe transmitir um conteúdo prático e objetivo para ser implantado no dia seguinte.

Espero que goste da leitura e que a nossa mensagem continue a chegar para milhares de equipes de vendas do país.

Um abraço!

Edílson Lopes
Fundador – Grupo K.L.A. Educação Empresarial

Sumário

Capítulo 1

Como transmitir credibilidade e vender mais

K.L.A.
Escola de Vendas

Capítulo 1

21 de Julho de 1989. Tarde de muito calor em Nova York. Nicolas Johnson já havia visitado vários clientes. Ele entra em uma loja de sapatos, precisava comprar um novo par. Ele caminha em direção ao vendedor. Faz várias perguntas sobre modelos, preços, etc.

Não estando satisfeito com o atendimento, ele sai da loja e no caminho liga para seu Gerente de Vendas.

— Chefe, incrível como a maioria dos vendedores não transmite credibilidade.

Seu chefe lhe perguntou:

— Como assim, não entendi?

— Fui atendido agora por um vendedor que não entendia muito bem do que vendia, por isso não me transmitiu confiança para eu realizar a compra.

Na verdade, o que Nicolas quis dizer é que o Vendedor não TRANSMITIA CREDIBILIDADE ALGUMA.

Por que alguns vendedores transmitem CREDIBILIDADE e outros não? Por que alguns VENDEDORES parecem VERDADEIROS HOMENS DE NEGÓCIOS e outros não?

Vários sãos os motivos, porém GRANDES VENDEDORES são VERDADEIROS MESTRES no segmento em que ATUAM. Eles entendem do que vendem e TRANSMITEM UMA CREDIBILIDADE INCRÍVEL.

E você, é MESTRE no mercado em que ATUA? Você estuda o MERCADO em que ATUA?

Quando você se torna um MESTRE NA ÁREA em que atua, sua CREDIBILIDADE aumentará BRUTALMENTE.

Pesquisas mostram que os verdadeiros campeões de vendas são verdadeiras autoridades no segmento em que atuam.

John Macnamara sempre foi um vendedor fracassado até o dia em que ele teve CORAGEM de falar com Michael, um dos maiores vendedores da sua empresa, e descobrir o segredo para se tornar um Campeão de Vendas.

— Michael, qual é o segredo de um Campeão de Vendas como você?

— O primeiro e o GRANDE SEGREDO para se tornar um campeão de vendas é mostrar CREDIBILIDADE ao cliente – responde Michael.

John emenda outra pergunta:

— E como se faz isto?

— Há vários vendedores no mundo querendo primeiro vender o seu produto. Isto é um tremendo ERRO. O vendedor tem que se preocupar em vendê-lo primeiro. Este é o SEGREDO. As pessoas compram antes o VENDEDOR e depois o produto que ele vende.

O que você deve fazer para vender-se primeiro?

Steve Mills, um dos maiores treinadores de vendedores do mundo, disse que a primeira regra para um vendedor vender-se primeiro é transmitir CREDIBILIDADE através do OLHAR.

Segundo Steve, o "OLHAR" DIZ TUDO. O olhar de um vendedor é TUDO nas negociações. Têm OLHARES que transmitem credibilidade, assim como há outros que NÃO TRANSMITEM CREDIBILIDADE ALGUMA.

Ele afirmava:

"Não entendo porque os VENDEDORES não treinam o OLHAR para transmitir uma credibilidade maior aos seus CLIENTES".

Quantas vezes você entrou em um estabelecimento para comprar e não comprou? Quantas pessoas deixaram de arrumar um emprego melhor por que não transmitiam credibilidade?

Quantos empresários investem uma fortuna em sua empresa e em seus produtos, mas colocam vendedores que não transmitem credibilidade e depois não sabem por que não vendem?

Quantas empresas poderiam aumentar suas vendas somente verificando o item CREDIBILIDADE na sua operação?

Segundo o especialista em vendas Paul Schimidt, uma empresa não transmite credibilidade somente através dos seus vendedores. Uma empresa transmite credibilidade em vários pontos, desde a sua embalagem até o seu site.

Na última entrevista de Paul para a Revista *Business Machine*, ele afirma que CREDIBILIDADE é uma volta 360º na empresa.

O repórter perguntou a ele:

— Paul, o que é CREDIBILIDADE EM VENDAS?

— CREDIBILIDADE EM VENDAS é tudo. Tudo que cerca uma empresa transmite CREDIBILIDADE.

— Pode explicar, por favor? – Perguntou o repórter.

— Qualquer contato do cliente com a empresa é uma forma de transmitir CREDIBILIDADE ou não. Se o cliente ligar para você, se o cliente entrar em seu site, se o cliente entrar na Fan Page do seu Facebook, se o cliente receber um *folder* seu pelo correio, se ele receber uma ligação do seu televendas, tudo é CREDIBILIDADE.

Após a pausa nesta última resposta, Paul ainda acrescenta:

— Não podemos nos esquecer das pessoas que estão com o cartão da nossa empresa na rua, ou seja, nossos vendedores, representantes, distribuidores, franqueados ou qualquer um que esteja de posse de nosso NOME. Ficamos atentos quanto a isto.

Paul é um consultor empresarial respeitado e admirado por todos. Fez diversos trabalhos para pequenas, médias e grandes empresas. Ele conseguiu reverter várias empresas de uma imagem sem credibilidade alguma para uma credibilidade acima da média.

Outro grande exemplo deste assunto é Brian Leman. Brian também treinou mais de cinco mil vendedores. Ele explica que um vendedor e uma empresa tem que VENDER-SE O TEMPO TODO.

O que Brian ensina é igual ao que Paul também fala. Quando um VENDEDOR transmite CREDIBILIDADE EM TODOS OS SENTIDOS, ela está VENDENDO O TEMPO TODO.

VENDER O TEMPO TODO é o maior desafio que um vendedor tem. Quando você sai para comprar algo e recebe um ATENDIMENTO FRIO, já percebe que o vendedor não está sabendo se vender.

Colocar a empresa para vender o TEMPO TODO tem que estar nas estratégias dos líderes de vendas. E a melhor forma de um líder de vendas implantar isto é quando ele tem contato com todos os setores da sua empresa.

Tenha contato com todos os setores da sua empresa. Há muitos líderes que não sabem sequer como é o atendimento da sua recepcionista.

Certa vez eu estava no meu escritório quando recebi uma ligação de Willian Gomes:

— Edílson, você já ouviu falar do CHECKLIST empresarial de CREDIBILIDADE?

— Willian, ainda não. O que é isto?

— Trata-se de um CHECKLIST em todas as áreas da empresa onde o cliente tem contato. Por exemplo, o site, atendimento telefônico, *folder*, contatos e tantos outros.

Recebi este *checklist* via correio e, para minha surpresa, nossa empresa não tinha nenhuma nota acima de sete, ou seja, estávamos falhos em vários destes pontos.

Qualquer contato do cliente conosco é uma forma de nos vendermos. Mesmo se você é um vendedor, lembre-se que você tem que vender-se o tempo todo.

Tenho uma TESE comigo. Vendedor algum precisa enviar currículo para pedir emprego. Se você é um vendedor que atende com entusiasmo ou um vendedor que visita com entusiasmo, que desempenha seu papel como HOMEM DE VENDAS, jamais necessitará enviar um currículo. Vendedor BOM todos querem. Vendedor BOM recebe uma proposta de emprego quase todos os dias.

Nos meus seminários, sempre pergunto aos Vendedores:

"Quantas propostas de emprego você recebeu esta semana?" ou

"Quantas pessoas lhe convidaram para trabalhar esta semana?"

E ainda complemento:

"Se faz tempo que você não recebe uma proposta nova de trabalho, significa que você está se vendendo pouco".

Quando estiver na frente de um CLIENTE, DÊ O MÁXIMO e com certeza sua CREDIBILIDADE E SUAS VENDAS AUMENTARÃO CONSIDERAVELMENTE.

Capítulo 2

Como se tornar um conselheiro para seus clientes

K.L.A.
Escola de Vendas

Capítulo 2

Yves Gilbert, o vendedor de seguros que ficou bilionário e também foi o único capaz de vender 1,8 bilhões em apólice, revelou seu segredo em uma noite diante de uma plateia de mais de 1.500 vendedores.

— Eu não vendo nada para meu cliente, somente oriento ele. Somente isto e nada mais – disse Yves.

Yves ficou tão rico neste negócio que ele se deu ao luxo de comprar uma propriedade em Long Island que tinha mais de 5.000 m^2. Na garagem ele sempre mantinha um Rolls Royce.

— Não entendo porque muitos vendedores insistem em vender. Na verdade, os clientes necessitam de conselheiros – afirmou ele naquela noite.

Você acha mesmo que o seu cliente quer comprar algo? Tem certeza que é isto que o seu cliente quer?

Imagine você no papel de cliente. Você quer falar com um vendedor ou com um conselheiro? Quem você quer que lhe atenda?

A maioria dos vendedores ignora uma PALAVRA-CHAVE no mundo das vendas que é a palavra CONSELHEIRO.

Aquele que tiver esta palavra na MENTE na hora das negociações, com certeza terá seu sucesso muito maior. Você tem esta palavra na sua MENTE?

Durante uma fase da minha vida, tive que mudar de local onde morava e escolher outro imóvel para comprar. Procurava intensamente um imóvel em determinada região, quando conheci um verdadeiro homem de vendas no papel de corretor de imóveis.

Em certa altura da nossa conversa, ele me disse "quero lhe orientar, somente isto".

Esta frase foi mágica. A palavra "orientar" caiu como uma luva naquele momento da conversa. O que eu precisava não era de um corretor de imóveis, mas de um ORIENTADOR.

Se você é empresário, ou qualquer que seja a sua profissão, e se coloca na posição de ORIENTADOR para seus clientes, você está no mínimo um quilômetro à frente do seu concorrente.

Joseph Edson tem hoje um dos maiores esquadrões de vendas do mundo. Ele possui dois mil vendedores que vendem aspiradores de pó por toda costa americana. Seu esquadrão de vendas é ALTAMENTE treinado com FOCO em ORIENTAR O CLIENTE.

Em uma convenção de vendas da equipe dele, da qual participei, ele fez questão de abrir o evento dizendo "somos conselheiros e orientadores para os nossos clientes".

Ele trocava a palavra VENDEDOR por ORIENTADOR. Você pode até achar isto simples, mas não é. Orientador é uma palavra MUITO MAIS FORTE QUE VENDEDOR, sem dúvida alguma.

Vendedor é quem vende. Orientador é quem ORIENTA. Afinal, em qual dos dois você confia mais?

Acho estranho algumas empresas colocarem "consultor de vendas" nos cartões dos vendedores. Oras, se colocassem ORIENTADOR ou CONSELHEIRO será que não venderiam mais?

Eu, você, qualquer um daria muito mais ouvidos para alguém que se diz um orientador do que um que se apresenta como consultor de vendas.

Robert Thompson é um bilionário no ramo de seguros. Começou sua vida como atendente em um armazém e posteriormente montou uma das maiores empresas de seguros do mundo.

Ele sempre encarou a venda de seguros de vida como algo muito fácil de se vender, por isso ficou milionário. Ele colocou em sua mente, quando era vendedor, que o papel dele era ser um CONSELHEIRO para o seu cliente e jamais tentar vender algo.

Assim que se tornou um empresário e montou sua equipe de vendas, ele colocou na cabeça de cada um que era admitido que a palavra VENDEDOR NÃO EXISTIA NA SUA EMPRESA, mas existia a palavra CONSELHEIRO.

Todos seus VENDEDORES EXIBIAM A PALAVRA "CONSELHEIRO" no seu cartão de visitas e todos eram muito bem orientados para serem CONSELHEIROS.

Robert chegou a escrever um manual com o título *Seja um grande conselheiro sobre seguro de vida*. Ele tinha em mente que isto mudaria para sempre o rumo da empresa que acabara de fundar.

Pelo fato de nomeá-los conselheiros, ele os obrigava a estudar permanentemente o negócio de seguros.

A melhor forma de transformar seus vendedores em conselheiros é fazê-los estudar constantemente o negócio que vendem.

"Então devo acabar com o cargo ou função de vendedor?". Deve ser isto que está passando na sua cabeça. Claro que não, o que você tem que acabar é com a CULTURA de vendas e colocar uma CULTURA orientada para ser CONSELHEIRO dos seus clientes ou futuros clientes.

"Como então ficam as metas?". Outra pergunta na sua cabeça. Meta é meta, o que nós precisamos entender é que, dependendo do seu ramo, suas vendas aumentarão muito se você tirar o FOCO de vendas e colocar o FOCO em ORIENTAÇÃO.

Os maiores vendedores do mundo não são vendedores de uma venda só ou de somente uma venda. Os maiores vendedores do mundo têm o que chamamos de carteira de clientes, pelo simples fato de não serem vendedores e sim AJUDAREM seus clientes. Eles AJUDAM seus CLIENTES.

Monique Didier, quando iniciou sua carreira de vendedora no Texas, foi orientada pelo seu chefe a praticar um TREINAMENTO que mudou completamente sua carreira. Seu chefe lhe orientou a sair para comprar para aprender a "VENDER".

Um belo dia Monique foi chamada para uma conversa particular com seu chefe.

— Monique, você precisa melhorar suas vendas. Os resultados não estão satisfatórios.

— Como posso fazer isto? – Perguntou Monique.

— Saia para comprar ou pelo menos para verificar como você

é atendida. O melhor treinamento de vendas é sair como se fosse comprar, para verificar como os vendedores tentam lhe vender. Observe os argumentos, postura, credibilidade, valores, descontos e utilize isto como treinamento para você. Verifique realmente qual vendedor FOI UM CONSELHEIRO PARA VOCÊ e quem realmente lhe tentou vender algo.

Monique não fez isto só uma vez, mas duas, três, quatro, enfim, dez vezes. Ela se habituou a sair para comprar toda semana, pois desta forma ela aprenderia a vender e ser também uma CONSELHEIRA.

Certa vez tive o prazer de jantar com Bob James, dono de uma empresa na área de segurança e com um time de mais de 200 vendedores pelos Estados Unidos. Durante o jantar, ele deu uma EXPLICAÇÃO que valeu todo o tempo que estive com ele.

— O maior problema dos vendedores é entenderem que o CLIENTE tem um problema e que o VENDEDOR tem a solução deste problema. Desta forma o VENDEDOR tem que estar FOCADO em ORIENTAR e não em VENDER. Esta é a chave – disse Bob.

Ele ainda acrescentou:

— A maior DIFICULDADE que temos quando entra um NOVO VENDEDOR é passar isto para ele no TREINAMENTO. Não é fácil. Ele precisa entender que o CLIENTE quer resolver um problema que pode ser pessoal, familiar ou empresarial e o nosso produto pode ser sua solução.

E você que está lendo este livro agora, está focado em VENDER ou ORIENTAR?

Capítulo 3

Construindo sua autoconfiança

K.L.A.
Escola de Vendas

Capítulo 3

15 de Julho de 1989.

Fernando Mendez recebe o prêmio de melhor vendedor do ano. Ele jamais imaginaria que chegaria a campeão na empresa em que trabalhava. Quando lhe perguntaram o seu segredo, ele respondeu "minha autoconfiança".

Vários são os elementos para se chegar ao SUCESSO, mas se há um item que você tem que desenvolver urgente é a sua AUTOCONFIANÇA.

Não há como vender um produto ou serviço se a sua AUTOCONFIANÇA estiver bem baixa.

Eu lhe pergunto:

— É possível elevar a sua autoconfiança?

Primeiro responda uma pergunta:

— Quanto você vale? Por quanto você quer vender você?

Se você não comprar você, dificilmente conseguirá se vender.

Benjamin Stewart certa vez disse que sem autoconfiança você não vai a lugar algum.

Em certa época da sua vida, Benjamin praticamente não tinha o que comer. Passava o tempo todo pensando como poderia decolar a sua vida de vendedor. Tentava muito e não conseguia, até que um dia encontrou seu amigo Lawrence Jagger.

— Lawrence, como faço para decolar minha carreira?

Lawrence pensou e respondeu:

— Você se acha um bom vendedor?

— Claro que sim! – Respondeu Benjamin

— Achar que você é bom é fácil, eu quero ver você transmitir isto para o mundo. Não basta achar, você tem que TRANSMITIR isto através da sua AUTOCONFIANÇA.

Lawrence ainda complementou.

— Os vendedores bem-sucedidos são dotados de uma AUTOCONFIANÇA INCRÍVEL. Eles realmente confiam no trabalho que fazem, porém não confunda arrogância com autoconfiança.

Lawrence explicou para Benjamin a diferença entre estas duas situações.

— Um vendedor autoconfiante fala com objetividade daquilo que ele conhece. Ele compartilha seus êxitos sempre de uma forma construtiva. Quanto ao arrogante, ele fala ou exibe os seus feitos sempre como forma de dizer que ele é o "bom". Ele fala coisas fora de hora e a todo momento está querendo dizer "eu sou o cara".

Para vender com sucesso suas ideias, é preciso ser AUTOCONFIANTE. Se realmente nosso produto ou serviço é bom, temos que passar isto de forma positiva e não arrogante.

Pense comigo. As pessoas primeiro compram as pessoas, depois os PRODUTOS. Então a primeira venda que fazemos somos nós. Uma das melhores formas de se vender é ser AUTOCONFIANTE.

Como se faz isto?

Exponha as suas ideias de forma precisa. Mostre fatos. Quanto mais fatos você apresenta, mais você vende. Seja objetivo, mostre algo que seu interlocutor ficará admirado com a informação. É muito mais fácil e objetivo quando você diz "olhe o que os nossos clientes dizem sobre os nossos produtos" ao invés de dizer "o meu produto é bom por isto e aquilo".

A melhor forma de ser autoconfiante com seus produtos ou serviços é colocar alguém para falar por você.

Como você deve fazer isto? Qualquer um que tem uma opinião positiva sobre seus produtos é alguém falando de você. Isto é um dado, uma informação preciosa que tem que fazer parte do seu negócio.

Jamais fale para algum cliente que o seu produto é bom. Sempre diga "veja o que os nossos clientes falam de nós".

É importante no mundo dos negócios ou no mundo das vendas você ter pessoas que falam a favor dos seus produtos, pois lhe gerarão uma AUTOCONFIANÇA INCRÍVEL.

Quando você tem um bom produto ou serviço e tem um testemunhal de um cliente, isto lhe dá uma AUTOCONFIANÇA ENORME.

Uma das maiores vendas que fiz na minha vida, no final na hora da assinatura do contrato, o cliente disse "você realmente tem muita confiança no seu trabalho".

Durante a minha entrevista de vendas, falei pouco do meu produto e coloquei o meu FOCO no que os meus clientes diziam sobre o meu produto.

Não há advogado melhor para lhe defender na frente de um prospecto do que um testemunhal de um cliente satisfeito.

Quer construir uma AUTOCONFIANÇA maior ainda? Que tipo de pensamentos você tem?

Não há CAMPEÃO DE VENDAS no mundo que não se alimente de PENSAMENTOS DE SUCESSO. Alimente-se de pensamentos de sucesso. Alimente-se com PENSAMENTOS de abundância. Fortaleça sua AUTOCONFIANÇA com seus PENSAMENTOS.

Como você pode fazer isto? O que você anda lendo? Que tipo de conhecimento você anda adquirindo? Fortaleça sua AUTOCONFIANÇA através da leitura.

Isto ocorre também no seu processo diário em relação às pessoas com as quais você convive. Quem o rodeia? O que estas pessoas estão lhe acrescentando? Lembre-se que CAMPEÕES DE VENDAS não andam em BANDOS.

Outro dia estava assistindo um vídeo sobre treinamento de vendedores, quando o instrutor Peter Reynolds disse algo muito valioso para quem quer realmente ser um campeão de vendas. Ele disse:

"Uma das técnicas para um vendedor passar uma AUTOCONFIANÇA para o cliente é planejar sua visita antes da entrevista. Quando um vendedor faz uma VISITA PLANEJADA, a AUTOCONFIANÇA DELE CRESCERÁ NO MÍNIMO 60%".

Está aí a CHAVE da autoconfiança. Você faz isto? Você planeja suas visitas? Você pesquisa algo sobre o cliente antes de visitá-lo? Você sabe o que vai ofertar?

Uma pesquisa mostra que 70% dos vendedores não se PLANEJAM antes de uma visita ao cliente. Isto é a mesma coisa que SAIR PARA PESCAR E NÃO LEVAR O ANZOL.

Fortalecer sua AUTOCONFIANÇA é o PRIMEIRO PASSO PARA SE TORNAR UM CAMPEÃO DE VENDAS.

Capítulo 4

Como transformar seus clientes em vendedores

K.L.A.
Escola de Vendas

Capítulo 4

Quantas pessoas estão trabalhando para vocês neste exato momento? – Perguntou Henrique Diaz para sua equipe de vendas.

Você pode até estar pensando "eu não sou empresário" ou "não tenho funcionários" ou, ainda, "como posso ter pessoas trabalhando para mim?".

Eu lhe pergunto:

— Um cliente satisfeito falará bem de você? Se a sua resposta for sim, então ele está trabalhando para você. Concorda?

Quantos clientes satisfeitos você tem? Quantos clientes satisfeitos a sua empresa tem? Um cliente satisfeito trabalha muito para nós.

A sua riqueza em vendas será proporcional ao número de pessoas que trabalham para você. Necessariamente você não precisa ter vendedores. O segredo é fazer o seu CLIENTE VENDER VOCÊ.

Bob Fischer, um dos maiores corretores imobiliários de todos os tempos, nunca quis abrir uma imobiliária. Ele afirmava "meus clientes são meus vendedores".

Bob sempre dizia que ele não queria ter funcionários, aluguel, nada disso. Queria ser sempre ele a EMPRESA. Para isto, investia muito em ter clientes satisfeitos.

E você tem clientes satisfeitos trabalhando para você?

Quanto mais pessoas estiverem falando bem de você ou dos seus produtos, mais vendedores você terá trabalhando para você ou sua empresa.

Você sabe como uma simples balconista se tornou uma das maiores empresárias do seu ramo nos Estados Unidos? Karen Macdonald levava uma vida modesta em Charlotte, nos Estados Unidos, trabalhando em uma pequena farmácia. Trabalhava somente com uma finalidade, fazer dos seus clientes um vendedor do seu nome.

Rapidamente ela se tornou conhecida em toda a cidade, pois os clientes faziam uma propaganda boca a boca dela.

Assim que teve oportunidade de montar uma farmácia, rapidamente se tornou um fenômeno na cidade. Mais tarde teve a oportunidade de transformar sua rede em franquia e assim se tornou uma megaempresária.

Karen descreve em seu livro, *Construindo um Império em Vendas*, os segredos do seu sucesso.

— Considero cada cliente como um VENDEDOR. Isso mesmo, todo cliente é meu vendedor. A empresa que encarar a ideia de que cada cliente é um VENDEDOR, dia ou noite chegará ao sucesso.

Ela explicou:

— Em qualquer estabelecimento nosso entram em média 200 pessoas por dia. Se eu encantá-los, mesmo que eles não comprem nada, tenho 200 pessoas falando bem de nossa empresa. Imagine isto multiplicado por 30 dias, terei 6.000 pessoas durante o mês. Agora imagine em um ano, terei 72.000 vendedores. Este teoricamente é o tamanho do esquadrão de vendas da minha empresa.

Karen tinha razão. Nossos vendedores não se limitam somente àqueles que estão na nossa folha de PAGAMENTO. Nossos vendedores são nossos clientes. Estes clientes trabalham para nós durante 24 HORAS sem receberem salários.

Implante uma cultura na sua EMPRESA ou NAS SUAS VENDAS. NOSSOS CLIENTES SÃO NOSSOS VENDEDORES. Quantos clientes você ou sua empresa tem? Eles são seus vendedores?

Imagine um ESQUADRÃO DE CLIENTES VENDEDORES.

O próprio Paul Bender, especialista em criar empresas milionárias, certa vez escreveu um artigo com o seguinte título: *Transformando seus CLIENTES em seus VENDEDORES*.

No artigo, Paul reserva pelo menos quatro parágrafos dando a seguinte dica: "Treine seus funcionários para transformar seus clientes em seus VENDEDORES. É muito importante os Funcionários terem essa noção. E cabe ao dono ou líder passar isto aos vendedores."

Não se iluda em achar que seus vendedores vão aprender isto somente você dizendo uma vez. Este tipo de cultura tem que ser empregada quase que diariamente. Faça essa pregação para sua equipe sempre que puder.

Se você é vendedor, tenha em mente que a sua FORTUNA é PROPORCIONAL ao NÚMERO DE PESSOAS QUE TRABALHAM PARA VOCÊ. QUANTO MAIS CLIENTES SATISFEITOS VOCÊ TIVER, MAIOR SERÁ A SUA FORTUNA.

Pense que o seu número de vendedores não é somente daqueles que estão, de uma forma ou outra, ligados à sua empresa. O seu esquadrão de vendas pode se tornar muito maior do que você pensa.

Grandes vendedores descobriram que há uma outra forma de transformar seus clientes em seus vendedores. Sabe qual é? É quando você se comunica com os clientes CONSTANTEMENTE.

Comunique-se com seus CLIENTES, diga-lhes que você está VIVO. Fale com eles pelo menos uma vez por MÊS. O cliente pode não estar precisando do seu produto naquele momento, mas o seu nome estará na MENTE dele.

Você tem algum programa de C.R.M.? Você pode até não ter nenhum, mas pode criar o seu próprio C.R.M. Um programa de C.R.M. não é somente para você vender mais, mas para você se COMUNICAR COM SEUS CLIENTES.

Quer ver uma outra Estratégia para se manter na mente do seu cliente?

É mais fácil falar comigo por telefone ou por e-mail? Com certeza é mais fácil falar comigo por e-mail. Sendo assim, o que vale em muitas situações nos dias de hoje é o e-mail.

Quer conhecer uma outra ESTRATÉGIA para ficar na mente do cliente?

Crie a sua COMUNIDADE VIRTUAL. Comunique-se com ela pelo menos uma vez por semana. Utilize uma Ferramenta Eficaz. Mande uma mensagem para seus clientes uma vez por semana. Não precisam ser mensagens para vender, mas sim mensagens para dizer que você EXISTE.

Em Novembro de 2009 estávamos reunidos para discutir um assunto pouco EXPLORADO pelos VENDEDORES, mas de vital importância para uma EMPRESA ou VENDEDOR. Sabe qual era o assunto? PÓS-VENDAS.

No meio da conversa, perguntei a um diretor de vendas de uma grande corporação o que era PÓS-VENDAS.

— Paulo, o que é pós-vendas para você? – Indaguei-o.

Ele respondeu:

— Pós-vendas é o que o próprio nome diz. É o que acontece depois da compra do cliente.

Paulo ainda deu um outro exemplo:

— Qual foi a última vez que você comprou um carro? O vendedor ligou novamente para lhe oferecer algo depois? O vendedor ligou para lhe vender um outro carro?

Ele continuou falando ainda:

— Aí está o segredo. Pouquíssimos vendedores fazem PÓS-VENDAS. Eles vendem e nunca mais procuram seus clientes. Na maioria das vezes não nos lembramos mais dos vendedores que nos atendem, pelo simples fato de eles não nos procurarem.

O PÓS-VENDAS é uma das maiores ESTRATÉGIAS para ficar na mente do Cliente e transformá-lo em seu vendedor.

Há inúmeros vendedores em BUSCA DE CLIENTES O DIA TODO. Eles se esquecem que se tivessem CUIDADO dos seus clientes desde a primeira venda que fizeram na vida, jamais precisariam sair em busca de novos CLIENTES TODOS OS DIAS.

Para transformar seus CLIENTES em seus VENDEDORES, você terá que estar na MENTE deles.

apítulo 5

/endendo
ocê

K.L.A.
Escola de Vendas

Capítulo 5

13 de Julho de 2003.

Carl Simonsen, um dos maiores vendedores do mundo, falava diante de uma plateia de 1.500 vendedores no Hotel Sheraton, em San Diego. Ele perguntou ao público:

— Você sabe vender você para você?

Os vendedores ficaram calados diante da interrogação de Carl. Ele continuou:

— A venda número 1 que você tem que fazer todos os dias é vender VOCÊ para VOCÊ MESMO. Esta é a VENDA mais difícil que você tem que fazer.

Quais são as expectativas que você tem em relação a você? São altas ou baixas? Você é exatamente do TAMANHO das suas EXPECTATIVAS. Lembre-se disto.

Só há uma forma de você elevar suas EXPECTATIVAS: SONHAR ALTO. Isto mesmo, sonhe alto. Não há uma outra forma.

Claro que SONHAR ALTO quando tudo está bem é fácil. O difícil é SONHAR ALTO quando as coisas não vão bem. Pois aí está a diferença entre um CAMPEÃO DE VENDAS e quem não é um CAMPEÃO DE VENDAS.

Há um outro DESAFIO para você encarar diariamente que é VENDER VOCÊ PARA OS OUTROS.

A maioria das pessoas não sabe se vender. Elas têm competência, têm conhecimento, têm estudo, mas não sabem se vender. Este é um dos MAIORES PROBLEMAS de alguém que não dá certo na vida, NÃO SABE SE VENDER.

Conheço pessoas com enorme competência, mas muito fracas em se vender. Lutam, lutam, mas não conseguem avançar pelo simples de fato de não entenderem que você tem que APRENDER A SE VENDER, ou seja, entender que A VIDA É UMA VENDA.

A maioria das pessoas se esquece que a VIDA É UMA VENDA e que não adianta ser um gênio, ter todo o conhecimento do mundo na cabeça, mas não ter consciência que você é uma mercadoria que tem que ser vendida todos os dias.

Certa vez me indicaram um dentista. Quando saí do consultório dele, pensei "eis aqui um dos maiores vendedores do mundo". Este dentista não era um DENTISTA, mas sim um verdadeiro HOMEM DE VENDAS.

O show de vendas que ele me deu foi do começo ao fim. A recepção do consultório era um verdadeiro SHOW. Mas o que mais me impressionou foi a recepcionista dele. Não era uma RECEPCIONISTA, mas uma VENDEDORA ALTAMENTE TREINADA. Além da simpatia, a mesma foi de extrema eficácia comigo. Parecia que eu havia entrado em um hotel cinco estrelas. Aliás, nem hotel cinco estrelas tem um atendimento assim.

Alguns profissionais liberais parecem que estão fazendo um favor para você. Isto mesmo, um Favor.

Louis Bravo, proprietário da famosa cadeia de lojas que leva seu nome, disse que certa vez havia contratado um advogado para cuidar de alguns assuntos e que na primeira vez que foi até o escritório do advogado teve que esperar por 30 minutos para ser atendido.

Na segunda vez a mesma coisa. Imediatamente ele rescindiu o contrato com este advogado. Ele ficou furioso, pois afinal de contas ele era o cliente. Estava pagando pelos serviços do advogado e o mesmo sempre o deixava esperando por pelo menos 30 minutos.

Louis não suportava tratar com alguns profissionais liberais que o faziam esperar, pois quem estava pagando era ele.

E você, como está se vendendo? Como vende seus serviços?

Você pode até estar pensando "mas eu não sou profissional liberal".

Então você não é profissional liberal? Eu concordo, mas o desafio é o mesmo.

Um dos maiores treinadores de pessoas do mundo contou-me certa vez que ele tinha um aluno que era um verdadeiro gênio da informática. Sabia tudo do negócio, tinha um QI acima da média. Era fantástico neste assunto. Somente tinha um problema, não sabia se vender.

A dificuldade dele era tanta que não conseguia ganhar mais do que 1.000 dólares por mês. Você conhece alguém assim, que sabe tudo, mas não consegue tirar proveito disto? Com certeza você deve ter alguém na família assim.

Muitos esquecem de algo muito importante na VIDA, o MARKETING PESSOAL. Você sabia que os MAIORES VENDEDORES DO MUNDO UTILIZAM MUITO BEM O MARKETING PESSOAL?

A revista *BUSINESS & SALES* listou, em 1989, os cinco segredos do marketing pessoal dos vendedores de sucesso. Mesmo sendo há muito tempo atrás, continua valendo para os dias de hoje.

Quer conhecê-los?

1. Como está a sua apresentação pessoal?

Claro que o mundo o tratará melhor se você estiver bem vestido. Vista-se bem e sua AUTOCONFIANÇA AUMENTARÁ CONSIDERAVELMENTE.

2. Você é um bom COMUNICADOR?

Não tenha dúvida que o PODER DA COMUNICAÇÃO EM VENDAS está em deixar o CLIENTE FALAR e não nós vendedores. Quanto mais o CLIENTE fala, mais ele COMPRARÁ. Para isto, faça você as perguntas para os seus clientes.

3. Lembre-se ninguém é BEM-SUCEDIDO à toa.

Não queira demonstrar que você sabe mais que o seu CLIENTE. Seja HUMILDE, não por virtude, mas por INTELIGÊNCIA.

4. Você é PONTUAL nas suas reuniões?

Você realmente respeita os horários agendados? Saiba que isto é um GRANDE MARKETING PESSOAL para sua carreira.

5. Não fale mal dos seus CONCORRENTES.

Se puder ELOGIE os seus CONCORRENTES e tenha certeza que os seus clientes verão isto com bons olhos.

Quer uma outra ESTRATÉGIA para VENDER VOCÊ?

Certo dia um gerente de vendas me disse que uma das melhores formas para aprender a se vender é focar nos outros e não em você. Foque nos outros. Aprenda e entenda que os outros são mais IMPORTANTES que você.

Richard Viana, grande vendedor, disse-me uma vez que não demorou muito para conquistar os clientes que ele acabara de herdar de um outro vendedor quando assumiu a sua nova área de vendas. Ele tinha um desafio. Os clientes gostavam muito do antigo vendedor e, quando ele assumiu a área, ele havia estabelecido um objetivo de FOCAR 100% DAS CONVERSAS NOS CLIENTES.

Ele seguiu rigorosamente seu objetivo, focando sempre nos outros. O resultado foi imediato, todos começaram a gostar dele.

Coloque sua energia e FOCO nos outros e não em você. Isto é saber se VENDER.

É fácil fazer isto? Não. Poucos conseguem abrir mão deles mesmos e focar nos outros.

Então como faço para isto se tornar um hábito? Como é possível focar nos outros, se queremos falar de nós o tempo todo?

Na verdade o que o nosso cliente quer? Ele quer alguém que o ouça. Se você o ouvir, ele JAMAIS esquecerá de você.

A Revista *Business & Success* publicou um artigo anos atrás dizendo que os maiores vendedores do mundo eram extremamente focados nos outros.

Lembre-se: OUÇA o cliente. Quando você faz isto, está focando NELE e acaba vendendo a si PRÓPRIO.

Capítulo 6

Como vender mais para os mesmos clientes

Capítulo 6

Certa vez ouvi a frase "o maior patrimônio de um VENDEDOR são os clientes dele".

Você acha esta frase correta? É válida?

Claro que a carteira de clientes é muito importante para um VENDEDOR. Que o diga o grande vendedor de sapatos Peter Schneider.

Peter é executivo de vendas de uma das melhores fábricas de calçados femininos do mundo.

Ele sempre esteve na frente dos outros vendedores. A certa altura começou a ganhar muito dinheiro. A partir deste momento sempre foi cobrado por resultados cada vez maiores.

Em uma reunião com a diretoria e seu gerente de vendas, o mesmo foi colocado contra a parede para que pudesse aumentar as vendas e o lucro da empresa.

No calor da reunião ele disse "será que não podemos vender outros produtos para os nossos clientes além de sapatos?".

Houve um silêncio na sala. Todos ficaram pensativos. O próprio Peter assumiu a reunião e disse "tenho certeza que podemos ter outros produtos além de sapatos. O que os nossos clientes comprariam da nossa marca além de sapatos?".

Peter começou a lançar as ideias:

— Podemos vender bolsas, perfumes, óculos...enfim uma série de coisas

Um dos Diretores perguntou a Peter:

— Você acha que nossa marca comportaria estes produtos?

— Claro que sim- respondeu Peter.

— Podemos pensar em produtos novos para nossos atuais clientes? – Indagou seu diretor.

— Com certeza – respondeu Peter.

A partir dali eles deram um passo importante. Colocaram novos produtos, pois o cliente era o mesmo, e desta forma alavancaram muito SEUS NEGÓCIOS.

Qual é a ELASTICIDADE DA SUA MARCA? O que você pode vender a mais para a sua CARTEIRA DE CLIENTES?

Este tipo de EXERCÍCIO um vendedor ou uma empresa tem que estar sempre fazendo.

Stephanie Caroline praticamente tirou sua empresa da falência porque viu que o que lhe restava era sua base de clientes. Ela imaginou que pudesse vender outros produtos para clientes que compravam há tempos dela.

Stephanie tinha uma floricultura. Vendia flores para toda a cidade de Tucson no Arizona. Seus negócios iam bem, mas sempre batia uma vontade de crescer cada vez mais. Ela percebeu que o volume de consumo de flores não iria subir. Suas clientes estavam satisfeitas. Porém um diálogo com uma cliente mudou por completo sua vida de empresária.

Ela percebeu um dia que sua cliente carregava algo dentro de uma sacola.

— O que a senhora carrega nesta sacola? – Perguntou para a cliente.

— Carrego chocolates. E passo aqui para comprar flores, a fim de entregar as flores e chocolates.

— Se eu tivesse chocolates para vender, você compraria?

— Claro que sim – respondeu a cliente.

A partir daí Stephanie colocou em sua Floricultura a venda de chocolates. Ela aplicou o conceito de oferecer para o mesmo cliente um produto novo.

Para a expansão dos seus negócios e de suas vendas é importante você pensar quais produtos, além dos que você vende, poderia vender a mais para a sua carteira de clientes.

Talvez você não tenha noção do poder da sua marca, mas preste atenção como determinadas empresas criam produtos novos para sua base de clientes.

A elasticidade da sua marca é algo que terá que fazer parte do seu planejamento de vendas e expansão. Pense na ELASTICIDADE da sua MARCA, pois pode ser uma alavanca de vendas considerável nos seus negócios.

OBSERVE como grandes empresas fazem isto, como elas se movem, como elas lançam produtos a partir da sua marca.

Não fique REFÉM somente de uma LINHA DE PRODUTOS. Veja como você pode crescer lançando NOVOS PRODUTOS.

Em 15 de Março de 2013 foi divulgado um vídeo de um dos maiores treinadores de vendedores de todos os tempos, Victor Delgado. Ele afirmava no vídeo:

"70% dos vendedores no mundo têm medo de oferecer outro produto no fechamento da venda."

Você faz isto? Você oferece um outro produto ou serviço no fechamento das vendas? Saiba que isto pode alavancar muito os seus resultados.

Qual é a técnica principal para se vender mais no fechamento? Ofereça um outro produto no fechamento. Não diga o preço deste novo produto, somente diga a diferença. Por exemplo, "por R$ 100,00 a mais, o senhor poderá levar mais este produto".

Vou lhe contar agora a respeito de uma outra técnica poderosa para se vender mais para os mesmos clientes. Você vende para pessoa jurídica? Você vende para uma empresa que revende os seus produtos?

Se realmente isto acontece com você, então os seus vendedores são os vendedores dos seus clientes. Concorda?

Oras, se os vendedores dos seus clientes vendem os seus produtos, então eles são FUNDAMENTAIS para você vender mais para os mesmos clientes.

Esta é a sua verdadeira equipe de vendas. E o grande segredo é você TREINAR OS VENDEDORES DOS SEUS CLIENTES.

Saia da CONDIÇÃO DE VENDEDOR e entre na CONDIÇÃO DE TREINADOR. Treine os vendedores dos seus clientes. Saia da CONDIÇÃO DE VENDEDOR e entre para a CONDIÇÃO DE CONSULTOR DO SEU CLIENTE. Crie estratégias para ele vender mais o seu produto. Vire um CONSULTOR DE VENDAS PARA O SEU CLIENTE.

Capítulo 7

Como se comportam os campeões de vendas

K.L.A.
Escola de Vendas

Capítulo 7

Você já ouviu a frase popular "cuidado com o CANTO DA SEREIA"? O que ela significa para você?

Se eu fosse você prestaria muita atenção nesta frase.

Eu sempre digo que a mulher do vizinho é muito mais bonita do que a nossa, ou o marido do vizinho é muito mais bonito do que o seu marido.

Não caia na tentação de achar que não está bom o lugar em que você está. Não caia na tentação de achar que seu chefe não é bom.

Isto é pura ilusão. Às vezes vendemos um produto e achamos que há outro produto melhor para se vender. Imediatamente queremos trocar de empresa.

James Rodriguez, grande treinador de vendedores, afirma que o CANTO DA SEREIA é um dos piores fatores para se destruir uma equipe de vendas. Sempre haverá a frase "se estivéssemos vendendo tal produto, venderíamos mais".

Se vendemos o produto A, achamos que se vendêssemos o produto B, venderíamos mais. Muito cuidado com isto.

Fiz parte de vários esquadrões de vendas. E o "canto da sereia" era algo que corria solto todos os dias. Se eu lhe perguntar "alguma vez você já ouviu o canto da sereia?", é claro que irá responder sim. Todos nós sempre caímos vez ou outra no canto da sereia. É impossível passar pela vida sem cair nisto.

A lendária Marta Lima, grande escritora de autoajuda, sempre deixou claro que há uma confusão muito grande na cabeça das pessoas, ou melhor, elas se iludem e ficam desapontadas ao mesmo tempo com outras. Isto é comum na relação vendedor x gerente de vendas.

Em uma equipe de vendas, muitos vendedores se desapontam com seus líderes e querem ir embora para outro lugar, achando que no outro lugar as pessoas são diferentes. Mas na VERDADE NÃO SÃO.

Vou lhe adiantar uma coisa se você quer ser campeão de vendas. As pessoas são iguais em todos os LUGARES. Isto mesmo, o mesmo problema que você tem COM AS PESSOAS na sua empresa, com certeza achará nas outras empresas que está pretendendo ir.

Não adianta você achar que o seu chefe será outro tipo de pessoa em outra empresa. Esqueça isto. Os seres humanos são iguais, concorda? Se você tem um gerente de vendas que protege alguém onde você trabalha, não tenha dúvida que em outra empresa terá o mesmo caso.

Não caia NISTO, POR FAVOR! NÃO queira trocar de empresa achando que as pessoas serão diferentes lá.

Muitos vendedores colocam culpa do seu fracasso ou baixo rendimento nos seus SUPERIORES. MUITOS ACHAM QUE NÃO VÃO BEM porque o seu CHEFE não é bom. O melhor conselho que já ouvi para o vendedor que pensa em trocar de emprego foi este:

"Não adianta o vendedor trocar de emprego se não trocar de CABEÇA. Muitos vendedores passam a vida inteira trocando de emprego, mas se esquecem de trocar de cabeça. Onde eles irão trabalhar terão os mesmos problemas, pois na verdade o problema está na cabeça do vendedor".

Há gerentes de vendas que na hora de recrutarem sempre ficam com um pé atrás em relação aos currículos onde mostra que o vendedor pula de emprego de tempos em tempos. Oras, se um vendedor pula de emprego de tempos em tempos, significa que o PROBLEMA está nele e não nos outros. Isto mesmo, o PROBLEMA ESTÁ nele e não nos outros. Se você está lendo este livro, é um vendedor e anda pulando sempre de emprego, tenha certeza que o PROBLEMA pode estar em você e não nas Empresas onde você trabalhou.

Mais uma vez eu alerto, "não caia no canto da sereia". Não pense que o chefe de outra tribo é melhor que o seu. Reflita bem antes de trocar de emprego.

Não queira trocar de emprego ou traçar um novo DESAFIO se você não repensar a forma de agir.

O próprio Carlos Soares, treinador de vendedores, sempre afirmou que a maioria dos vendedores é REFÉM de seus pensamentos.

Eu mesmo perguntei para ele que tipo de pensamentos a maioria dos vendedores tem.

Ele respondeu:

— A maioria dos vendedores tem pensamentos iguais. Pensa que o chefe não está sendo correto com ele ou não o está ajudando. E também acha que o seu produto não é bom.

Carlos Soares, durante sua vida, treinou e capacitou mais de 30.000 vendedores. Se há um assunto que ele entende é a cabeça do vendedor.

Você quer realmente ser um CAMPEÃO DE VENDAS? Você quer realmente ser bem-sucedido na sua Carreira de Vendas?

Sejamos GRATOS a nossa empresa atual. Sejamos GRATOS ao nosso gerente de vendas por termos um LUGAR para trabalhar.

A pior coisa que pode acontecer a um VENDEDOR é AMALDIÇOAR o lugar onde ele trabalha.

Coloque seus OLHOS para ver as COISAS BOAS do seu Emprego atual e aí sim estará PAVIMENTANDO uma ESTRADA PARA O SUCESSO.

Capítulo 8

Como buscar novos clientes

K.L.A.
Escola de Vendas

Capítulo 8

Você está louco? Perguntou a esposa de Anthony Parker após ouvir que ele pediria demissão do seu emprego. Ele havia tomado a decisão de não ficar mais na empresa. A empresa em que trabalhava estava agonizando. Ele saiu da sua casa rumo ao escritório, mas no caminho ele ligou para o seu gerente.

— Robert, sinto informar, mas realmente não posso continuar trabalhando aí.

O gerente do outro lado da linha toma um susto.

— Por quê? Somos em nove vendedores e você é o número 1 da empresa.

— Sim eu entendo, mas necessitamos mais CLIENTES o mais rápido possível. A única forma de mantermos esta empresa em pé é VENDER MAIS.

— Para acharmos mais clientes, teremos que ter verba para marketing, divulgação dos nossos serviços – respondeu o seu gerente de vendas.

— Robert, isto não é possível. Você já disse que os diretores não têm mais verbas! Não temos como captar novos clientes.

Anthony trabalhava com a venda de contrato de locação de carros. O aluguel de carros estava com os dias contados, pois eles vinham perdendo espaço para grandes corporações que disputavam o mercado.

O problema dele era que ele não TINHA MAIS CLIENTES PARA VENDER, ou seja, estava sobrevivendo somente da sua carteira de clientes.

O problema era a FALTA DE CLIENTES. Havia mercados para se conquistar NOVOS CLIENTES, mas também havia a necessidade de se INVESTIR. Existem mercados que não se conquistam NOVOS CLIENTES SEM INVESTIMENTO PARA TRAZÊ-LOS.

Anthony entra em um hotel, bem no centro de Chicago, apenas para tomar um café. Ele percebe todo aquele movimento de entra e sai de executivos que vinham para Chicago em busca de negócios e que alugavam carros.

Caminha até o *American bar* e pede um café. Enquanto bebe seu café, ele pensa "os clientes deste hotel na verdade poderiam ser meus clientes".

Ele pede para falar com o gerente do hotel, o Sr. James. O gerente caminha até o *American bar*.

— Sr. James, muito prazer. Meu nome é Anthony e gostaria de lhe fazer uma pergunta. O senhor indica alguma locadora de carros para seus hóspedes?

— Não, não indicamos.

Anthony pensa um pouco e faz uma proposta ao gerente.

— James, poderíamos fazer uma ALIANÇA ESTRATÉGICA? Você indicaria nossa locadora de carros para seus clientes e em troca eu indico seu hotel para nossos clientes. Veja bem, não somos concorrentes, porém o perfil do meu cliente é o mesmo que o seu.

O gerente do hotel imediatamente aceitou a aliança estratégica.

Os resultados foram imediatos. Anthony não somente criou esta aliança, como fez várias outras alianças. Ele descobriu que para PROSPECTAR CLIENTES, um dos caminhos é descobrir parceiros estratégicos.

Aprenda a alavancar seus negócios com parcerias estratégicas. Você jamais conseguirá PROSPECTAR 100% dos CLIENTES EM POTENCIAL. Não há como ter um MÉTODO DE PROSPECÇÃO 100% eficaz.

Certa vez vi uma FRASE que mudou completamente minha forma de pensar como empresário: "aprenda a dividir para multiplicar".

Em todas as parcerias que você ALAVANCAR é importante uma negociação ganha-ganha.

Durante algum tempo, Carl Marcus queria montar uma filial de sua agência na cidade de Nova York. Havia somente um detalhe, Carl tinha todas as suas operações em Chicago.

Todas as vezes que ele tentava montar uma filial em Nova York, ele se enrolava. Gastava muito dinheiro e não tinha resultados. Ele tinha boas ideias, bons produtos, porém não tinha o principal que era uma CARTEIRA DE CLIENTES.

Carl pensou muito e achou uma saída. Procurar quem tinha o PERFIL DE CLIENTES que ele DESEJAVA e que não era seu concorrente.

Logo chegou a uma conclusão. Poderia muito bem fazer uma parceria estratégica com uma outra agência já estabelecida, porém que não atuasse no mesmo segmento. Desta forma surgiu um GIGANTE na Cidade de Nova York que hoje fatura mais de 200 milhões de dólares no ano.

Você tem prospectado novos clientes? Você tem se dedicado a construir parcerias estratégicas para prospecção? Quanto do seu tempo você se dedica a isto? Grandes campeões de vendas são FOCADOS nisto. Eles colocam muita disciplina em prospecção.

Durante anos seguidos, Raul Gonzales foi considerado o maior vendedor de seguros da Califórnia. Qual era o segredo dele? PROSPECÇÃO DE NOVOS CLIENTES. Ele tinha META para conquistar clientes novos. Poucos vendedores têm metas para CONQUISTA DE CLIENTES NOVOS.

Na verdade, damos muito pouca atenção na prospecção de clientes novos. Nosso FOCO está em vender e não em PROSPECTAR. E é aí que muitas empresas e vendedores fracassam. Colocam o FOCO em VENDER e não em PROSPECTAR.

Um dos maiores segredos da PROSPECÇÃO é DEFINIR SEU ALVO TERRITORIAL. Depois defina qual é o PERFIL DE CLIENTES que quer fazer negócios. E o próximo grande passo é CONSTRUIR UMA BASE DE QUEM AINDA NÃO É CLIENTE.

Invista tempo nesta construção de base de dados de quem ainda não é cliente.

Existe algum catálogo ou lista onde você pode buscar estes clientes?

Ouça o conselho do velho Maurice Phil, especialista em base de clientes e veterano neste mercado.

"Há empresas que perdem MUITO TEMPO em vender. Elas não sabem que em alguns casos o segredo é PROSPECTAR e não FOCAR EM VENDER. Para isto, necessitam construir uma BASE DE CLIENTES QUE NÃO COMPRARAM AINDA. Este é o segredo. As empresas têm que investir no *database marketing* urgente".

Tive a oportunidade de conhecê-lo em um evento. Aproveitei e tirei minhas dúvidas:

— Maurice, o que realmente é importante na construção de uma base de dados para prospecção?

— Há muitas coisas importantes, porém o MAIS IMPORTANTE é definir quem realmente tem potencial de compra para os seus produtos – ele respondeu.

— Além disso, qual outra dica você pode dar? – Perguntei a ele.

— Prospecção não é somente ter os dados da empresa que você quer vender, mas ter os contatos de quem DECIDE. Esta é a chave. Montar uma base de prospecção com o nome de quem decide – respondeu Maurice.

Como eu não queria perder a chance deste encontro com Maurice, continuei meu diálogo com ele:

— Por que muitas empresas erram na prospecção?

Ele retirou um papel da pasta e respondeu escrevendo.

— Prospecção é algo que tem que ser levado a sério em uma empresa. E toda empresa, antes de fazer uma base de prospecção, tem que ter em mente quem realmente compra o seu produto. Muitas empresas fazem prospecção ERRADA, ou seja, não definem quem realmente tem o PERFIL para comprar o seu PRODUTO.

Siga os passos de Maurice. Coloque ENERGIA E FOCO NA PROSPECÇÃO.

Capítulo 9

Conquistando pessoas para vender mais

K.L.A.
Escola de Vendas

Capítulo 9

15 de agosto de 2009.

Fred Richers levanta-se bem cedo e diz para sua esposa: "Hoje receberei o prêmio de melhor vendedor do ano". Fred estava muito contente. Despediu-se da esposa e partiu rumo ao escritório a bordo de sua reluzente Mercedes Conversível SLK.

Durante o trajeto seu telefone tocou. Do outro lado da linha, seu chefe falou:

— Fred, parabéns pela premiação de hoje. Realmente você é um super profissional de vendas em todos os sentidos.

— Obrigado, chefe! Trabalho com afinco – respondeu Fred.

Imediatamente seu chefe disse:

— Fred, você não é somente um grande profissional de vendas, é um grande homem. Você é acima de tudo SUPER HONESTO, SUPER CORRETO. Eu acho que esta é, com certeza, a sua melhor qualidade.

Fred sabia que a sua honestidade era o melhor diferencial perante os outros. Fred era muito correto com a empresa, com os clientes e, acima de tudo, com os seus companheiros.

Tudo pronto para a festa. Fred chegou para receber o prêmio. No ato da entrega, o diretor lhe perguntou:

— Diga uma de suas qualidades como super vendedor.

Fred respondeu:

— Tenho muitas qualidades, mas acima de tudo tento ser correto 100% com todos. Acho que um dos maiores diferenciais que tenho é minha honestidade. Aprendi desde cedo em vendas que A MAIOR MALANDRAGEM DO MUNDO É SER HONESTO.

Ser honesto é OBRIGAÇÃO para um VENDEDOR.

Há inúmeros vendedores mundo afora que realmente entendem do que vendem. Eles conhecem como ninguém o produto ou serviço que estão vendendo.

Tudo isto fará de um vendedor um CAMPEÃO? Você acha que chegará a algum lugar somente entendendo do seu produto?

Tenha certeza que o difícil é CONQUISTAR AS PESSOAS. Para ser um vendedor número 1 na vida e na profissão, você tem que CONQUISTAR AS PESSOAS.

Não há como ser bem-sucedido na vida se você não CONQUISTAR AS PESSOAS. E uma das ESTRATÉGIAS para se conquistar as pessoas é ser HONESTO COM ELAS.

Seja honesto, seja correto com seus clientes, colegas de trabalho e tudo mais o que fizer da vida. Não tenha DÚVIDA que o seu DIFERENCIAL COMPETITIVO SERÁ A SUA HONESTIDADE.

Ítalo Gentil vai mais além ainda e diz:

"É impossível vencer sem ser honesto. Ser honesto é o cacife para entrar no jogo das vendas".

Ítalo é considerado um dos maiores gerentes de vendas de seguros de vida de todos os tempos. Ele diz que há campeões passageiros e campeões permanentes.

"No mundo das vendas temos dois tipos de vendedores campeões. O vendedor campeão passageiro, ou seja, consegue chegar ao TOPO, mas, na verdade, ele enrolou muitos clientes para chegar ao TOPO. E há o CAMPEÃO PERMANENTE. Ele realmente vende muito bem e é correto com os clientes, por isto está sempre no TOPO".

E você, que tipo de vendedor é? Que tipo de vendedor quer se tornar?

Em uma entrevista recente de Ítalo para a Revista Sales World, o mesmo foi abordado em como descobrir este tipo de honestidade na hora da entrevista para admissão.

— Como podemos verificar se o vendedor é ou não honesto na hora da entrevista? – Perguntou o entrevistador.

— Oras, jamais contrate alguém sem pedir referências.

O Entrevistador faz uma outra pergunta:

— Como assim?

Ítalo respondeu:

— Jamais contrate ALGUÉM para fazer parte da sua equipe sem pedir referências.

Grandes gerentes de vendas sabem que não há contratação sem pedir referências.

Você pode estar pensando que honestidade você já tem, então qual seria uma outra estratégia para conquistar as pessoas e seus clientes? Como você trata seus colegas de trabalho? Como você trata os que estão abaixo de você? Como você trata os companheiros de outros departamentos?

Não interessa o departamento. Um campeão de vendas entende que a sua equipe é toda a empresa. Um grande campeão de vendas TRATA BEM A TODOS NA EMPRESA.

Quer realmente ser um conquistador de pessoas onde você trabalha?

Como você recebe um novo vendedor na sua equipe? Qual é o principal desejo de um vendedor novato quando ele chega na empresa?

Auxilie os novos vendedores. Eles estão chegando. Muitos se sentem rejeitados. A função de um campeão de vendas é acolher os novos. Você faz isto?

Estenda as suas mãos para os novos vendedores. Ajude-os! A primeira situação que você pode ter com os novos é TREINÁ-LOS. Treine-os! Eles podem até ser bons vendedores, mas ainda não conhecem seu produto ou mercado.

Um dos fatos marcantes na minha carreira de vendedor foi quando eu, recém-chegado em uma companhia, fui praticamente acolhido por um veterano chamado Joseph Berger. Ele mostrou todas as estratégias para a venda dos produtos, contou-me sobre os principais argumentos para vender, os principais argumentos quando os clientes falavam dos concorrentes. Enfim, deu-me uma aula sobre o novo negócio em que eu estava entrando.

Ele fez uma lista dos dez principais clientes que compravam nossos produtos. Além disso tudo, ainda mostrou-me um áudio de entrevistas que ele fizera com vários clientes.

Perguntei a ele o porquê de acolher-me daquela forma, sendo eu um novo vendedor.

— Aprendi desde cedo nesta carreira que a melhor forma de aprender é ensinar – ele respondeu. – Sempre recebi de braços abertos os novos, pois um dia também fui um novato.

Praticamente ele montou a minha pasta. Ele foi a pessoa mais importante naquele momento para mim. Para conquistar pessoas ao seu redor, torne-se um MESTRE para elas.

Não esconda NADA DO SEU NEGÓCIO. Há um péssimo costume de alguns vendedores esconderem estratégias ou técnicas dos novos que estão chegando. Nunca faça isto!

Conquiste os que estão chegando e também os que já estão ao seu redor. Se você quer ser promovido a gerente de vendas, comece a agir e pensar como se fosse um gerente de vendas.

Muitos vendedores não sabem porque não são promovidos. Alguns passam a vida inteira reclamando de nunca terem uma chance para comandarem uma equipe, mas esquecem que a primeira regra para ser promovido é a forma como você trata os que lhe rodeiam.

Acolher e treinar os novos vendedores é pensar como gerente de vendas. Ajude os mais FRACOS também. Os mais fracos têm o costume de se distanciar dos grandes vendedores. Procure se aproximar dos mais fracos.

Faça tudo isso e se tornará um GRANDE CONQUISTADOR DE PESSOAS.

Capítulo 10

Como atingir a meta

K.L.A.
Escola de Vendas

Capítulo 10

Qual é a sua meta deste ano? Quanto você tem que fazer este ano?

Você poderá responder "10 milhões".

A sua mente está programada para responder o valor, porém a sua mente não está programada para pensar em como FAZER A META.

Sergio Schneider sempre dizia "o maior problema dos vendedores é que a mente está apta a saber o valor da meta, mas não como fazê-la".

Conhecer a meta é fácil, eu quero ver você traçar estratégias para fazê-la.

Eu só vou me obrigar a pensar, se eu fizer as seguintes perguntas para mim:

Quais são os caminhos para se fazer a meta? Que tipo de estratégias utilizarei para chegar na meta? Quais são os novos caminhos?

Eu posso obrigar minha filha a ir à escola somente mostrando minha cinta, mas não posso obrigá-la a pensar.

Quando você pensa "que tipo de estratégias utilizarei para fazer a meta?" sua cabeça obrigatoriamente irá pensar.

Não receba a meta somente como um número, receba a meta como um desafio. Mas o mais importante ainda é sempre pensar em como alcançá-la?

Quando você pensa em forma de interrogação, sua mente é FORÇADA a pensar.

William Costa jamais passou a meta para sua equipe somente utilizando os números.

Eu mesmo estive com ele algumas vezes e perguntei:

— Como devemos passar a meta para nossa equipe?

Temos sempre que passar em forma de DESAFIO – respondeu ele.

— Não entendi.

Ele pensou e respondeu:

— Você tem que fazer a cabeça do vendedor pensar. Se passarmos a meta somente como número, isto não fará a diferença na vida dele. Temos que desafiá-lo a mostrar pelo menos cinco novas estratégias para se conseguir chegar no número estabelecido.

— O que você quer dizer com isto?

— Quero dizer que não se deve passar a meta tratando somente de números. Temos que exercitar a mente dos vendedores para pensar em caminhos novos.

William tinha razão. Ele costumava iniciar a reunião com os seus vendedores da seguinte forma:

— Quero pelo menos cinco novas estratégias para chegarmos na meta. Vocês têm até o final do dia para me mostrar estas novas estratégias.

A Convenção de Vendas que ele fazia era para EXERCITAR a mente do quadro de vendas.

Logo no primeiro dia de convenção ele dava a ordem.

Ele jamais iniciava uma convenção, sem perguntar os caminhos e estratégias para se chegar ao número.

Quando for despachar novamente com seus vendedores ou quando se está na metade do mês, pergunte "Está fazendo alguma coisa de diferente?".

A melhor maneira de arrancar uma Empresa da falência é sempre perguntando "qual a solução para este negócio?".

Em qualquer reunião que estiver participando, sempre diga para as pessoas "vamos para a solução". Quando todos estiverem se debatendo sobre qualquer assunto diga em voz alta "qual é a solução para isto?".

"Qual é a solução para esta situação?". Esta é uma frase mágica em qualquer situação que estiver quando o assunto é VENDAS.

Por que muitas reuniões de vendas demoram uma eternidade? Por que muitas reuniões de vendas terminam sem um plano de ação? Porque muitas reuniões de vendas terminam sem uma rota.

Não deixe uma reunião de vendas terminar sem um plano de ação. Tente implantar pelo menos três, quatro, cinco ou mais ações.

Tive um gerente de vendas que jamais terminou qualquer reunião de vendas com a sua equipe sem antes escrever todas as novas ações para se aumentar as vendas.

Ele dizia "reunião de vendas não é somente para enquadrar os vendedores, cobrar números, resultados, etc. Reunião de vendas é também para se criar ideias para vender mais".

Não caia na tentação de terminar uma reunião de vendas dizendo que está todo mundo ferrado se não fizer o número. Isto é coisa para amador. Claro que você tem que posicionar a sua equipe, mas termine uma reunião saindo de lá com NOVAS IDEIAS. Este é o segredo.

Deise Fuentes sempre ensinou seus VENDEDORES que a maior MOTIVAÇÃO para se atingir uma META seria a mesma estar ligada a um MOTIVO NOBRE.

Ela explicou:

— Um vendedor não pode somente traçar as estratégias para atingir a meta. O grande vendedor tem que ter um motivo nobre para atingi-la. Todo vendedor tem que ter sempre um MOTIVO PESSOAL. Como, por exemplo, a compra de uma casa, um carro, algo que realmente é NOBRE para ele.

E continuou:

— Com certeza o VENDEDOR ganhará muito mais força e energia se olhar a meta como um CAMINHO para CONQUISTAR ALGO QUE DESEJA. Temos que ATRELAR nossos SONHOS com NOSSAS METAS.

O que ela queria dizer é que temos que amarrar nossos objetivos pessoais com nossas METAS.

METAS E SONHOS SOMENTE ACONTECEM QUANDO ESTÃO JUNTOS.

Capítulo 11

Como aumentar as vendas através de movimentos estratégicos

K.L.A.
Escola de Vendas

Capítulo 11

Você sabe qual é a única forma que você tem para mudar o rumo das suas vendas? Somente utilizando MOVIMENTOS ESTRATÉGICOS.

MOVIMENTOS ESTRATÉGICOS é algo que você tem que fazer sempre na sua carreira ou empresa.

Você deve estar pensando o que é isto.

É muito simples. É enxergar algo que você ainda não enxerga em relação aos seus negócios ou sua competência.

Faça movimentos estratégicos nos seus negócios ou na sua carreira de vendedor. Gustavo Carlson fez um movimento estratégico que mudou toda a vida da sua empresa. Ele atuava na venda de casas populares e seu mercado estava estagnado na região que atuava. Ele não tinha mais como crescer.

Ele descreve nas suas próprias palavras:

"Eu já não tinha mais onde crescer na região que atuava. Meu faturamento na verdade havia até caído e meus ganhos também. Minha vida mudou quando li numa reportagem que havia um movimento muito grande na região da New Orleans e que lá seriam construídas várias usinas e que uma mão de obra migraria para aquele lugar. Portanto, eles necessitariam de muitas casas para abrigar estes trabalhadores".

O que fez Gustavo de imediato? Voou para New Orleans a fim de verificar toda esta expansão, e ir em busca de novos negócios.

Em 15 dias ele já havia fechado três contratos para construção de casas populares.

"Eu estava certo que faria negócios. Fui o primeiro a chegar na região e oferecer os serviços. Não sei porque meus concorrentes demoraram para chegar".

Isto sim é o que eu chamo de MOVIMENTO ESTRATÉGICO. Ele viu algo que todo mundo viu, mas não agiu. Ele agiu rápido.

Movimentos estratégicos são movimentos que podem MUDAR RADICALMENTE as suas vendas.

Lionel Winter percebeu que não ficaria milionário somente vendendo SERVIÇOS de manutenção de equipamentos. Ele viu que isto não o levaria aos seus sonhos. Ele viu que, além dos serviços, ele também poderia vender Equipamentos. De uma hora para outra viu seu faturamento e lucro crescerem mais de 1.000%. Foi um movimento estratégico, parou de vender serviços e começou a vender produtos.

Coloque sua mente e principalmente seu TEMPO para movimentos estratégicos. Tenha um tempo para PENSAMENTOS ESTRATÉGICOS. Você perceberá que há muita COISA que você AINDA NÃO ENXERGA.

Na maioria das vezes, nosso tempo está muito no OPERACIONAL, ou seja, nos problemas do dia a dia. O que ocorre é que temos que ter tempo para pensar em ASSUNTOS ESTRATÉGICOS. São estes ASSUNTOS que nos MOVEM a MOVIMENTOS ESTRATÉGICOS. Grandes vendedores pensam em ASSUNTOS ESTRATÉGICOS todos os dias.

Tenha certeza que você somente terá MOVIMENTOS ESTRATÉGICOS se colocar sua MENTE para isto.

Veja um outro caso que um movimento estratégico mudou toda a vida de uma empresa.

Renê Oliver desenvolveu um festival de música em New Orleans. As duas primeiras edições tiveram sucesso e lucro, porém, com o FURACÃO em New Orleans, ele ficou sem nada do dia para noite.

O que ele tinha de patrimônio era o modelo do festival, como era montado, como eram vendidas as cotas de patrocínio, a contratação dos cantores, enfim o modelo para se ter lucro.

O que ele fez? Lançou o mesmo festival em Los Angeles. Foi um ENORME sucesso, pois ele já tinha o MODELO DE NEGÓCIOS pronto, somente precisava replicar em outro local. E foi isto que ele fez, ou seja, fez um MOVIMENTO ESTRATÉGICO e descobriu como ganhar dinheiro em outro local com um modelo já testado e aprovado.

Você já observou o número de empresas que anunciam em um jornal no final de semana? Você sabia que quem ANUNCIA está vivo? Se uma empresa está anunciando, é porque ela está viva.

Você vende para pessoas jurídicas? Então saiba que existe uma FONTE ENORME DE NOVOS NEGÓCIOS em cima das empresas que anunciam diariamente nos jornais e revistas da sua cidade ou região. Se elas estão anunciando é porque estão em busca de negócios e talvez necessitem dos seus produtos.

Faça um MOVIMENTO ESTRATÉGICO. Assine o máximo que puder de jornais e revistas e, com certeza, terá uma FONTE ENORME DE NOVOS PROSPECTOS. Você faz isto?

Tenha uma INTELIGÊNCIA ESTRATÉGICA em cima das empresas que estão anunciando, pois, como você, estas empresas também precisam VENDER.

Numa tarde de 1997, John Belfort recebeu uma carta em seu escritório. Esta carta era uma proposta para ele associar-se a uma comunidade de empresários de San Francisco, na Califórnia.

No primeiro momento ele não deu muita atenção a este convite. Guardou-o. Porém esteve sempre de olho e todos os dias ele olhava para o envelope em sua mesa.

John era um grande corretor de imóveis da cidade e já havia acumulado um bom dinheiro como corretor de imóveis, porém não estava tendo tantos resultados como antes.

Após alguns dias, ele realmente cedeu e se filiou a esta associação. Muito contrariado começou a ir às reuniões. Um belo dia ele descobriu algo FANTÁSTICO EM VENDAS: "O PODER DO NETWORKING PARA GERAR NEGÓCIOS". Ele começou a se relacionar e fazer negócios com outras pessoas da associação.

Como está a sua rede de contatos? Você tem uma rede de contatos? Você tem uma rede de relacionamentos? Você frequenta alguma associação?

Dependendo do seu ramo de atividades, uma REDE DE CONTATOS ESTRATÉGICOS poderá resolver seu problema de VENDAS. Você tem isto?

Defina pessoas e empresas que você quer conhecer.

Você já deve ter ouvido esta frase "As pessoas gostam de se relacionar e fazer negócios com pessoas que elas já conhecem".

Quer conhecer um outro MOVIMENTO ESTRATÉGICO para VENDER MAIS? VISITE SEUS CONCORRENTES. Você faz isto?

Visite e você descobrirá coisas que não sabia. Veja como eles estão vendendo, como eles estão atuando e como eles estão ganhando dinheiro. Seu concorrente é uma GRANDE FONTE DE APRENDIZAGEM.

Jimy Gigler sempre dizia:

"Espionar os concorrentes não é somente verificar os produtos que eles estão vendendo. Espionar os concorrentes é mais do que isto, é saber COMO ELES VENDEM. Esta é a verdadeira ESPIONAGEM nos negócios."

Um dia, o grande gerente de vendas, Peter Macdonald, exigiu que todo o seu esquadrão de vendas visitasse os concorrentes. Este ato fez com que a empresa dele remodelasse todo o sistema de vendas, após as informações tiradas dos concorrentes.

Há inúmeros vendedores que não sabem do PODER DE UM MOVIMENTO ESTRATÉGICO para aumentar ainda mais seus GANHOS.

Lembre-se que, para ter MOVIMENTOS ESTRATÉGICOS, é fundamental TER UM TEMPO para PENSAR.

TENHA UM TEMPO PARA PENSAR!

Capítulo 12

Como vender valor e não preço

K.L.A.
Escola de Vendas

Capítulo 12

Aeroporto de Nova York.

James Swgartt aterrissa com seu avião particular, acabara de chegar de Los Angeles. Ele construiu uma verdadeira FORTUNA no ramo da hotelaria. Ele tinha um grande desafio pela frente, vender a ideia para o Comitê Organizador da Maratona de Nova York para que a hospedagem dos atletas fosse feita em um dos seus hotéis.

James estava bem apreensivo, pois teria que apresentar argumentos para fechar o negócio, até porque não eram somente valores que interessavam ao comitê e sim outros fatores também.

No caminho, entre o aeroporto e a sede do comitê, James conversa com seu diretor executivo de Nova York.

— John, o que você acha? Fecharemos o negócio com eles?

— Chefe, realmente não sei. É muito difícil, pois a maioria dos hotéis convocados tem enorme interesse em fechar o negócio. Todos os hotéis estão preparados para atender o evento.

— Seria interessante, para os nossos negócios, ganhar este contrato? – Perguntou James.

— Muito, pois o evento dará uma visibilidade enorme para o nosso hotel.

Seguiram os dois pensativos para a reunião. Chegando ao local marcado, imediatamente a secretária do comitê pede para os mesmos entrarem em uma sala reservada para a reunião.

Após dez minutos, entram os diretores do comitê. Estavam em quatro pessoas. Os diretores pedem para que James apresente a proposta.

— Sr. James, por favor nos apresente a proposta – disse um deles.

James calmamente retira o contrato e apresenta os valores.

O Comitê examina todas as folhas e Robert, um dos diretores, diz a James:

— A sua proposta de cinco milhões está no mínimo 20% acima das outras. Realmente ficará difícil fecharmos negócios com vocês, pois o valor está bem acima.

— Como assim? – Perguntou James.

— Oras, foi o que eu disse. Seu preço está no mínimo 20% acima dos outros.

— O senhor está interessado no preço? Está comprando preço? É isto? Se for isto, vou me retirar da sala agora, pois nós não brigamos por preço. Entrar em guerra de preços não é o nosso negócio.

Por um minuto o silêncio toma conta da sala.

Robert tenta continuar seu discurso.

— Sr. James, o preço para nós é importante.

— Sr. Robert, mais uma vez lhe pergunto. O senhor quer preço ou qualidade?

James não deixou o Robert responder e foi logo acrescentando.

— Sr. Robert, sei muito bem o que significa para vocês a decisão final do hotel que hospedará as delegações. Para isso, a qualidade é fator DETERMINANTE NA ESCOLHA. Tenho certeza que o senhor será muito mais ELOGIADO pela QUALIDADE DE SERVIÇOS QUE TEMOS do que pela economia que teria feito contratando uma outra rede. Lembre-se é um NEGÓCIO que envolve PESSOAS e SERVIÇOS. O senhor não está comprando uma mercadoria, está comprando um SERVIÇO. E com serviço não há como pensar em PREÇO. O senhor tem coragem de arriscar a sua reputação?

Robert ficou pensativo junto com a sua equipe, pois a maioria dos hotéis ficou batendo em preço, preço e preço. E no final acabou cedendo e assinou o contrato.

Fico com pena de vendedores e empresários que não têm PEITO para sustentar o PREÇO dos seus PRODUTOS.

É incrível como 90% dos argumentos dos vendedores é PREÇO.

Qual é a maior QUEIXA dos vendedores que não vendem? PREÇO.

Por quê? Porque é mais FÁCIL culpar o PREÇO.

Você acha mesmo que o PROBLEMA É PREÇO?

É muito mais fácil SUSTENTAR seu produto quando o preço é MAIOR do que o concorrente. Pode acreditar. Se tiver chance de vender algo na sua vida, venda aquilo com preço MAIOR que o CONCORRENTE, desde que tenha benefícios MAIORES TAMBÉM.

O MESMO TRABALHO QUE DÁ PARA VENDER UM PRODUTO DE 1 DÓLAR é o mesmo para VENDER UM PRODUTO DE 20 MILHÕES DE DÓLARES.

Qual é o ESFORÇO de venda de um vendedor que vende uma Ferrari? Qual é o ESFORÇO de venda de um vendedor que vende um CARRO POPULAR?

Na verdade, um PRODUTO DE 1 MILHÃO de reais dá o mesmo trabalho para vender do que um PRODUTO de 500 mil reais.

Nós é que achamos que tudo é PREÇO.

Julio Salinas, RECORDISTA de vendas City Imóveis em Nova York, conta seu SEGREDO em relação ao RECORDE das suas vendas:

— Para mim, o grande segredo em como vender valor e não preço é saber se você ESTÁ OFERECENDO SEU PRODUTO para o PÚBLICO CERTO.

Ele ainda complementou:

— Não há outro SEGREDO. O segredo é este. Oferecer o seu produto para o PÚBLICO CERTO.

Há milhares de vendedores nas ruas oferecendo o PRODUTO CERTO para o público ERRADO e que depois reclamam do preço do seu produto.

E você está oferecendo o seu PRODUTO OU SERVIÇO para o Público CERTO?

Muitos vendedores fracassam porque oferecem seus PRODUTOS para quem não tem o menor POTENCIAL DE COMPRA.

Saiba que muitos clientes criam DESCULPAS para não comprar. E uma das DESCULPAS preferidas é dizer para nós que o nosso produto ESTÁ CARO. Não é que o nosso produto é caro, é que em algumas situações estamos oferecendo o PRODUTO CERTO para o PÚBLICO ERRADO.

Em Julho de 1998, no Encontro Anual dos Maiores Vendedores dos Estados Unidos, em San Francisco, Califórnia, Jefferson Smith explicou o seu passo a passo para ser um CAMPEÃO DE VENDAS:

— A partir do momento que estamos oferecendo o produto certo para o público certo, temos que nos concentrar nos BENEFÍCIOS. BENEFÍCIO é o que faz a diferença e para isto tenho em mente sempre o que MEU PRODUTO faz pelo MEU CLIENTE.

O seu PRODUTO TEM ALGUM BENEFÍCIO ÚNICO? O seu produto faz algo que nenhum outro faz? Isto sim é um BENEFÍCIO ÚNICO.

Explore isto! Mostre ao seu cliente o BENEFÍCIO ÚNICO que o seu produto ou serviço pode fazer por ele, pela empresa dele ou pela família dele.

Certa manhã, Charles Smith, já desanimado e com fracas vendas, chegou ao seu gerente de vendas, Peter Huk, e disse:

— Chefe, realmente eu não quero mais continuar aqui.

Peter respondeu:

— Por quê?

— Oras, porque não consigo vender. Infelizmente não tenho o perfil para ser vendedor desta organização.

— Vamos tentar mais uma vez – respondeu Peter.

Peter pega Charles pelo braço e caminha em direção à rua. Era uma tarde cinzenta na cidade de Nova York. Peter diz a Charles:

— Charles, preste atenção. Todas as pessoas têm problemas na vida ou nos negócios. Todas, sem exceção. Você me entende?

— Claro, chefe – respondeu Charles.

— Então, qual é o seu medo? O nosso produto não resolve os problemas das pessoas?

— Sim.

— Se o nosso produto resolve os problemas das pessoas, então você tem um produto bom para vender. Concorda?

— Sim – respondeu novamente Charles.

Seu chefe então faz o arremate:

— Se o nosso produto está resolvendo o problema de um cliente, então este é o NOSSO VALOR. Foque nesta SOLUÇÃO. Não queira inventar outras formas de vender os nossos produtos.

Há muitas definições por aí sobre vender valor e não preço, mas lembre-se que O VALOR do nosso produto é DIRETAMENTE PROPORCIONAL AO PROBLEMA QUE ELE RESOLVE.

Se o seu produto ou serviço resolve um GRANDE PROBLEMA dos seus CLIENTES, com certeza, este é o VALOR dele.

Capítulo 13

Como administrar o seu tempo em vendas

K.L.A.
Escola de Vendas

Capítulo 13

Auditório cheio, 1.500 vendedores ansiosos. Finalmente chegou o dia! Todos prontos! Um dia ensolarado na cidade de San Francisco.

"Bem-vindos ao maior evento de vendas do mundo".

Com esta frase, Michael Stevenson abriu o maior encontro de vendas dos Estados Unidos que sempre é realizado na cidade de San Francisco, na Califórnia.

Este evento reúne empresários, gerentes de vendas, vendedores e todos aqueles que se interessam muito por vendas.

Michael é o idealizador do evento e considerado um dos maiores vendedores de todos os tempos. Ele tem todos os recordes possíveis que um vendedor pode sonhar.

Em uma matéria sobre o desempenho dele, o que foi descoberto é que ele administra muito bem o seu tempo.

"Sei administrar o tempo como ninguém. E este é o meu grande diferencial".

Poucos homens de vendas no mundo conseguem administrar o seu tempo. Se você imaginar que o tempo é igual para todos, então aí é que você tem que entender que todos são abençoados igualmente com a quantidade de horas.

Se Deus dá a mesma quantidade de horas para mim e para você, cabe a nós fazermos o melhor USO DAS HORAS. Este é o DIFERENCIAL COMPETITIVO no MUNDO DAS VENDAS.

Veja bem, problemas todo nós temos. Agora, o quanto colocamos de tempo em problemas ou assuntos que possam prejudicar a nossa produtividade no dia é o que fará de nós vencedores nos nossos negócios.

O que um Empresário deve saber é que a melhor forma de administrar o seu TEMPO é TER GENTE COMPETENTE TRABALHANDO PARA ELE.

Você pode fazer inúmeros cursos de Administração do Tempo, mas nada melhor do que ter GENTE COMPETENTE TRABALHANDO PARA VOCÊ.

Uma equipe competente e bem direcionada é o melhor CURSO DE ADMINISTRAÇÃO DE TEMPO que um dono de empresa pode fazer.

Tenha sempre em mente uma pergunta-chave para você mesmo:

"Tem alguém que pode resolver este assunto por mim?".

Qualquer que seja seu cargo de liderança, antes de colocar a mão na massa, pergunte para você mesmo:

"Outra pessoa pode resolver isto por mim?"

Você que é vendedor, quanto do seu tempo está em assuntos que não trazem VENDAS? Quanto do seu TEMPO está em GERAR VENDAS, NEGÓCIOS para sua Empresa?

A maior parte dos vendedores coloca quase que 70% do seu tempo em ASSUNTOS que NÃO TRAZEM VENDAS eles se esquecem de utilizar o seu tempo para fazer NEGÓCIOS, GERAR DINHEIRO.

Se fizermos um RAIO X no tempo que você utilizou ontem, onde você gastou a maior parte do seu tempo? Em assuntos que NÃO TRAZEM VENDAS ou assuntos QUE TRAZEM VENDAS?

Não coloque seu tempo em assuntos OPERACIONAIS. O dono da empresa, o líder e os vendedores têm que colocar seu tempo ou energia em ASSUNTOS QUE GERAM DINHEIRO PARA SUA EMPRESA.

Certa vez, William Mcdouglas fez uma pergunta para mim.

— Qual o período do tempo um vendedor tem mais energia, de manhã ou à tarde?

— Com certeza de manhã – respondi para ele.

— E qual o período do dia que a maioria dos vendedores utiliza para resolver problemas?

Pensei e respondi:

— Acho que na parte da manhã.

— Pois é. Este é um grande problema dos vendedores. Utilizam a parte da manhã para resolverem seus problemas.

— Acho que você tem razão – respondi.

Willian com certeza tinha razão. Um vendedor é muito mais forte de manhã do que à tarde. Os vendedores têm que colocar ou focar suas ENERGIAS na parte da manhã para ganhar dinheiro, não fazer o inverso. Os vendedores não podem jogar energia em assuntos que com certeza os desgastarão para a parte da tarde.

Numa tarde agradável de café, com um dos meus melhores amigos e MENTOR, discutíamos sobre a Administração do Tempo em vendas.

Nossa conclusão foi que 70% dos vendedores não utilizam RELATÓRIOS e não dão muita importância a isto.

Afinal, para que serve um RELATÓRIO DE VENDAS? Oras, o próprio nome diz, você precisa ter um histórico de tudo que você faz no dia.

Se eu lhe perguntar quantas visitas você precisa fazer para fechar um negócio, você saberia responder? Se eu lhe perguntar quantos clientes você precisa atender para fazer uma venda, você saberia responder?

Posso lhe afirmar que relatório de vendas é tudo na vida de um Vendedor. Sem um relatório de vendas, dificilmente você irá longe.

Você faz relatórios de vendas?

Vou lhe fazer uma outra pergunta:

Você consegue controlar sua conta bancária sem um extrato?

Tenho quase certeza que a sua resposta é não. Controlar a sua vida de vendedor sem relatório é a mesma coisa que tentar controlar sua conta bancária sem extrato.

A utilização de relatórios de vendas é uma ESTRATÉGIA PODEROSA NA CARREIRA DE UM VENDEDOR.

Você conhece um outro ponto que DESTRÓI o tempo dos vendedores?

Veja o que diz o multimilionário do setor de automóveis em Nova York, Carl Jackson.

— Os vendedores têm que aprender a não perder tempo com o cliente que não vai comprar.

— Alguns vendedores ficam na ilusão da compra do cliente e acham que o mesmo comprará, por isto perdem tempo com ligações desnecessárias, envios de propostas, etc., e não veem que o cliente somente é um curioso.

— Estabeleça um prazo para o cliente lhe dar a resposta. Não tenha medo de determinar a data limite para sua proposta.

— Grandes profissionais de vendas colocam uma data limite na sua proposta.

Além deste tipo de posicionamento, os vendedores também têm que ter perguntas-chave para sentirem se o cliente irá ou não comprar.

Carl dá exemplos de duas perguntas-chave para os vendedores detectarem se realmente o cliente irá ou não comprar.

— O senhor está pensando em comprar agora ou mais para frente?

— Se eu lhe fizer algo especial, o senhor fecha agora?

Muitos vendedores perdem MUITO TEMPO com clientes que não irão comprar. Alimentam-se de esperanças de que a venda acabará acontecendo e na verdade o cliente somente está criando desculpas.

Posicionar o seu cliente com datas, valores, etc., é uma forma de ADMINISTRAR BEM O SEU TEMPO.

Paul Malone tinha um vendedor acima da média. Segundo Paul, seu vendedor batia recordes de produtividade. Perguntei a Paul qual era realmente o segredo deste seu grande vendedor.

— O segredo dele era não ABRIR MÃO DO TEMPO DE VENDA, ou seja, qualquer que fosse o problema que ele teria que resolver, resolveria sempre após o período de vendas. Ele colocava seu FOCO em vender o dia todo. Os problemas que ele tinha para resolver, tentaria sempre fazer isto fora do expediente.

Se você é vendedor e está lendo este livro, procure ter em mente que há problemas que podem ser resolvidos fora do expediente de trabalho. Há alguém que possa resolver algum problema que você tem? Coloque esta pessoa para fazer isto por você.

Nunca fique ocupado o dia todo. Lembre-se que ganhamos com VENDAS e não com a quantidade de assuntos que resolvemos durante o dia.

— Quanto você vendeu hoje? – Perguntou-me certa vez um gerente de vendas que eu tinha.

Tentei explicar que havia trabalhado muito, mas não vendido. Ele respondeu:

— Não ganhamos por trabalho, mas por VENDAS.

De que adianta trabalhar o dia todo, visitar vários clientes e não vender? O nosso negócio é vender e não TRABALHAR. Você precisa entender a diferença entre VENDER e TRABALHAR.

Aí é que ESTÁ A CHAVE para sermos PRODUTIVOS EM VENDAS. Primeiro precisamos ter a consciência que nosso negócio é vender. Há muitos vendedores improdutivos pelo mundo afora, pois passam a maior parte do tempo resolvendo assuntos ou visitando clientes sem perspectivas ou potencial e no final do dia voltam para o escritório sem fazer negócios.

Não somos REMUNERADOS por TRABALHO, mas por VENDAS. Pense sempre em colocar seu tempo para trabalhar para você.

Capítulo 14

Como se tornar um grande negociador em vendas

K.L.A.
Escola de Vendas

Capítulo 14

9 de Setembro de 2011.

Convenção anual da gigante de informática, Cable System Products. Na convenção anual de vendas, eles sempre trazem como palestrante um especialista em negociação.

A função deste especialista é treinar os vendedores para que sejam ÓTIMOS negociadores.

Negociação é a prioridade número 1 da Cable System.

O convidado desta vez foi Mark Peterson, um dos maiores instrutores de negociação dos Estados Unidos. Mark inicia sua apresentação com um exercício para sustentar uma OFERTA.

Ele chama um vendedor ao palco e diz:

— Quando o cliente lhe pergunta o preço, você, além de falar o preço, costuma dizer mais alguma coisa?

O vendedor pensa e responde:

— Após dizer o preço, imediatamente começo a falar dos benefícios dos produtos.

Mark interrompe o vendedor:

— A partir de agora, após falar o preço, FIQUE QUIETO. Isto mesmo, fique QUIETO. Não diga nada. Deixe o cliente refletir.

Mark ainda acrescentou:

— O Silêncio é a melhor TÉCNICA para sustentar uma OFERTA. Pouquíssimos vendedores utilizam o SILÊNCIO para fecharem negócio. O silêncio é algo PODEROSO em um fechamento. Não queira dar o preço e ficar falando depois.

Ele deu uma aula sobre o SILÊNCIO em vendas.

Quando você dá o preço e começa a falar muito, acontece algo que se chama DESVENDER. Quanto mais você fala, mais você DESVENDE.

Utilize a Lei do Silêncio para SUSTENTAR UMA OFERTA. Tenha em mente que o SILÊNCIO sempre trabalha de forma positiva para nós.

Quando você fala MENOS, VOCÊ TEM TEMPO PARA PENSAR.

Quando Patrick Jones chegou em Nova York com apenas cinco dólares no bolso, ele jamais imaginaria que teria uma fortuna de mais de 10 milhões em 15 anos. Ele trabalhou no mercado de venda de ações e este mercado está cheio de vendedores que falam sem parar. E de tanto falar, perdem muitos bons negócios por isto.

A melhor técnica que Patrick utilizava era o silêncio. Falava pouco nas abordagens. Na maior parte do tempo, ele mostrava testemunhais de clientes que estavam satisfeitos com seus serviços. Antes de qualquer objeção por parte do cliente, o mesmo já mostrava uma carta de próprio punho do cliente, dizendo o quão bom era fazer negócios com Patrick Jones.

Patrick respeitava muito um ditado em vendas: "quer vender mais, fale menos".

A única coisa que Patrick fazia eram perguntas para que os clientes pudessem dar respostas para ele ir direcionando seus argumentos.

Ele fugia da sua língua como fugia de uma cobra. Ele tinha certeza que Grandes Empresários eram muito bem-sucedidos somente escutando e não falando.

Outro brilhante homem de vendas foi Antony Perkins. Ele sabia que o testemunhal de um cliente satisfeito era um fator decisivo na hora do fechamento.

Ele tinha tanta noção disso, que o seu site e o seu *folder* tinham TESTEMUNHAIS de clientes satisfeitos. Nada melhor para SUSTENTAR UMA OFERTA ou O SEU PREÇO do que um CLIENTE FALANDO POR NÓS.

Perkins era tão astuto que até seu currículo era montado com testemunhais de clientes.

Você deve estar perguntando "Por que ele fazia isto?".

Perkins sempre imaginou que o currículo de um vendedor é a carteira de clientes dele. Se você está pensando em trocar de emprego ou elaborando seu currículo, a melhor forma de impressionar alguém é montar um currículo com testemunhais de alguns de seus clientes.

Perkins sempre imaginou que o currículo de um vendedor é a carteira de clientes dele. Se você está pensando em trocar de emprego ou elaborando seu currículo, a melhor forma de impressionar alguém é montar um currículo com testemunhais de alguns de seus clientes. Você quer conhecer mais uma ESTRATÉGIA?

Você se considera um bom NEGOCIADOR? Você se considera um GRANDE ARGUMENTADOR?

Antes de partir para uma NEGOCIAÇÃO, você se PLANEJA?

Em uma entrevista para uma rede de televisão, Scott Davis, um grande negociador de pedras preciosas no mundo, deu várias dicas para se tornar um NEGOCIADOR.

— Aprendi desde muito cedo que é preciso definir primeiro o OBJETIVO de uma NEGOCIAÇÃO. Qual é OBJETIVO final de uma negociação? Onde queremos chegar, qual é o nosso LIMITE? Outra coisa que os Negociadores pecam é em NÃO estipularem o PRAZO para fechamento do NEGÓCIO. Aconselho a qualquer um que negocie qualquer coisa, que ESTABELEÇA um PRAZO para o outro DEFINIR com um SIM OU NÃO.

Ele ainda acrescentou:

— Se tiver que deixar uma PROPOSTA para alguém ou empresa, é IMPORTANTE colocar a DATA LIMITE. Peça para o CLIENTE dar um VISTO ou assinar ao LADO da data limite.

O apresentador ainda pede para Scott dar a última dica, ser um bom negociador.

— Jamais deixe somente uma proposta. Deixe pelo menos três. É muito importante que o outro lado veja no mínimo três valores diferentes.

Há milhares de vendedores mal preparados para negociar. Vendedores que não se planejam, não sabem o limite da proposta, não estudam o cliente e, acima de tudo, não entendem que NEGOCIAÇÃO é VITAL para o sucesso de uma empresa ou carreira.

Claudia Fuentes contou-me certa vez o porquê tinha tanto sucesso nas suas negociações em vendas. Ela trabalhava em uma das maiores importadoras de perfumes do mundo em San Diego na Califórnia.

"Utilizo constantemente meu diretor nas negociações. É impressionante como tem dado resultado. Normalmente os clientes gostam de falar com pessoas de cargos superiores que o de um vendedor. Portanto, todas as vezes que levo o meu diretor, sinto que somos melhor recebidos.

Outro ponto que percebo é que o meu diretor, pelo fato de conhecer mais o negócio do que eu, transmite uma CREDIBILIDADE incrível para meus clientes e isso é um fator decisivo nas negociações. O meu diretor conhece mais o produto, por isto ele tem o poder da autoridade.

Recomendo que todos os vendedores no mundo comecem a utilizar o gerente de vendas como peça-chave nas negociações com os clientes."

Dedicar mais tempo a planejar uma NEGOCIAÇÃO é um desafio para todos nós. Se desejar aumentar seus RESULTADOS, siga os conselhos acima.

Os resultados obtidos por grandes vendedores geralmente são resultados provenientes de negociações bem executadas. Não caia na tentação de achar que você não precisa estar preparado para uma negociação.

Se você começar a pensar como um NEGOCIADOR/ESTRATEGISTA, seu índice de eficiência aumentará incrivelmente e seus resultados financeiros mais que dobrarão da noite para o dia.

A maioria dos vendedores despreza as técnicas e estratégias para se tornar um grande negociador, mas se você ENTENDÊ-LAS, DOBRARÁ SEUS GANHOS E SUA RENDA.

Capítulo 15

Faça avaliações do seu desempenho

K.L.A.
Escola de Vendas

Capítulo 15

Você faz avaliações com seu Chefe? Você gosta de ser avaliado?

Ninguém gosta de ser avaliado. Nem eu, nem você, nem o nosso vizinho.

Vamos lá, tome coragem e peça para o seu Chefe avaliá-lo. Não tenha medo. Você precisa e necessita receber orientações.

É impossível alguém chegar ao TOPO sem passar por AVALIAÇÕES.

Certa vez tive um chefe que usava um método muito diferente para fazer avaliações. Ele utilizava Avaliações Trimestrais.

A cada trimestre ele nos chamava em sua sala e dizia "quais sãos seus objetivos para os próximos 90 dias?".

Ele nos avaliava de 90 em 90 dias. Isto era algo que realmente impressionava, ou seja, ele tinha a equipe de vendas nas mãos, pois havia um objetivo para os próximos 90 dias.

O fato de ele traçar um objetivo para cada vendedor para os próximos 90 dias fazia com que nós nos preparássemos para enfrentá-lo cara a cara a cada trimestre. E isto nos obrigava a realmente cumprir nossos objetivos.

Confesso que já vi inúmeros modelos de avaliação, mas, melhor que este, eu nunca vi. Estar frente a frente com o seu chefe para uma avaliação a cada 90 dias é algo surpreendente.

Quando foi a última vez que você foi avaliado? Se você é gerente de vendas, qual foi a última vez que você fez uma avaliação dos seus vendedores?

Se você é um líder, não deixe sua equipe sem avaliações. Sabemos que há um desconforto grande não só para o avaliado, mas para o avaliador também.

Claro que avaliar uma pessoa não é nada CONFORTÁVEL. Concorda? É um desconforto para todos.

Eu não sei qual é o método que você, gerente de vendas, quer utilizar, mas não fique sem fazer avaliações da sua equipe de vendas.

Certa vez eu estava em meu escritório quando fui convidado para um café com Maxwell Thomaz, na época gerente de vendas de uma grande imobiliária.

No café, iniciei a nossa conversa com uma pergunta sobre avaliação de vendedores.

— Maxwell, como tem avaliado seus vendedores?

— Tenho usado um sistema de avaliação muito eficiente – respondeu ele.

— E qual é? – fiz a pergunta, curioso.

— Eu pago as comissões olho no olho.

— Como assim, olho no olho?

Maxwell ficou meio pensativo e me devolveu a pergunta com outra pergunta.

— Qual é o momento mais sagrado para o vendedor?

— Não sei – respondi.

— Oras, com certeza o momento mais sagrado do vendedor é quando ele recebe a comissão. Quando ele recebe a comissão, há um momento de reflexão, podendo ser de alegria ou desapontamento ou até mesmo uma tomada de decisão.

— Continuo não entendendo – respondi.

— Se o momento de recebimento da comissão é um momento de reflexão, então este momento tem que ser vivido pelo vendedor e gerente. O gerente não pode delegar este momento para ninguém. É claro que quem tem que pagar a comissão é o departamento financeiro, mas quem tem que pegar a assinatura do vendedor no relatório de comissões é o gerente, ou seja, o gerente é quem vai colher a assinatura. E é neste momento que ele discutirá com o vendedor o porquê de ele estar ganhando bem ou mal.

Perguntei a ele:

— O que você quer me dizer é que o fato de o gerente estar com o vendedor todos os meses coletando a assinatura do mesmo no relatório de comissões é um momento de avaliação. É isto?

— Com CERTEZA – respondeu Maxwell entusiasmado.

Ele tomou o café e continuou seu raciocínio:

— O simples fato de o gerente conversar com o vendedor naquele "momento sagrado" já é uma avaliação. Neste momento, o Vendedor desabafa várias coisas. Agora pense comigo, eu estou dizendo que isto é uma avaliação mensal, ou seja, todos os meses o Gerente tem um encontro mensal com o vendedor.

Posso lhe assegurar uma coisa, é impossível um VENDEDOR chegar ao TOPO sem ser AVALIADO.

Um campeão de vendas chegou ao TOPO porque alguém o orientou. Este é o SEGREDO, encarar AVALIAÇÕES como ORIENTAÇÕES.

Será que você está no caminho certo? Será que você chegará ao topo? Você gostaria de ser avaliado pelo seu MENTOR? Ou melhor pelo seu chefe? Há quanto tempo você não faz uma avaliação de desempenho?

Não tenha medo. FAÇA UM CHECK-LIST com seu GERENTE DE VENDAS. Quem sairá ganhando é você.

Peça uma nota de 0 a 10 pelo menos nos seguintes itens: cooperação com o grupo, cumprimento de horários, conflitos internos e principalmente se você tem dado atenção ao LUCRO DA EMPRESA.

Fale com o seu gerente. Peça para ele uma nota de 0 a 10. Não se intimide.

Após tomar um café com Donald Penske, um bilionário no ramo de confecções, perguntei a ele como ele fazia as avaliações dos representantes de vendas que trabalhavam para ele:

"Faço uma avaliação com meus vendedores com base em três pontos. Quero saber se os vendedores têm a missão da empresa na cabeça. Quero também saber se eles se preocupam com a saúde financeira da empresa. Não quero vendedores que não se preocupam com o Lucro da Empresa. Dispenso VENDEDORES QUE

SOMENTE PENSAM EM DESCONTOS. E o último ponto é o PÓS-VENDAS. Este ponto é avaliado. Não quero vendedores que não se preocupam com PÓS-VENDAS".

Outro Grande GERENTE DE VENDAS que conheci era Sandra Schultz. Sandra comandava um Império no ramo de telefonia. Todos os contratos que seus vendedores FAZIAM, ela pedia para checar. Ela verificava se realmente o VENDEDOR esclareceu todos os pontos do negócio, ou seja, o cliente não poderia ter dúvidas do que acabara de assinar.

Sandra Carnegie precisava ter certeza que os CLIENTES não poderiam ter dúvida alguma do que o vendedor havia vendido. Esta atitude dela era realmente para avaliar o vendedor.

Corria o ano de 2009. Abraham Shapens estava cotado para ser promovido na empresa onde trabalhava como corretor de imóveis. Ele já até havia comemorado antes, mas um fato travou a sua promoção.

No dia que seria anunciada sua provável promoção, seu chefe o chamou na sala e disse:

"Sinto não promovê-lo. Sua avaliação não foi boa. Ligamos para vários clientes e os mesmos disseram que nem tudo era esclarecido no ato do fechamento dos contratos. Alguns clientes tinham dúvidas sobre os nossos serviços".

Não seja surpreendido como Abraham.

Faça um CHECK-LIST na sua CARREIRA. Se há uma pessoa que pode ajudá-lo, este alguém é o seu MENTOR ou o seu GERENTE. Lembre-se que AVALIAÇÕES são fundamentais na nossa CARREIRA e sem elas não podemos chegar ao TOPO.

Capítulo 16

Como administrar sua carteira de clientes

K.L.A.
Escola de Vendas

Capítulo 16

Peter Macnamara afirma que uma base de clientes é o maior patrimônio de um vendedor. Você concorda com ele?

Peter é um dos maiores financistas dos Estados Unidos. Ele tem a confiança de muitos clientes que lhe entregam seu dinheiro para aplicar. Ficou milionário como captador de recursos para aplicação.

Sempre afirmou que seu segredo é a sua base de clientes.

Ele sempre defendeu a tese de que nós vigíamos nossos filhos 24 horas. Sabemos tudo deles. Temos seus e-mails, endereços, seus hábitos, etc. É a mesma coisa com nossos clientes. Nós sabemos tudo deles? Temos atualizados os números dos telefones e e-mails?

Peter certa vez gravou um DVD para explicar exatamente isto. O nome do DVD era: *MANTENHA ATUALIZADA A BASE DE DADOS DOS SEUS CLIENTES E FIQUE RICO.*

Quais informações dos nossos clientes são importantes para nossos NEGÓCIOS? Que tipo de informação eu preciso ter do meu cliente?

Se você quer realmente construir uma máquina de vendas, a base de dados dos seus clientes é algo que você tem que ter um FOCO constante.

O mesmo Peter argumenta que uma vez por ano o empresário tem que atualizar a sua base de clientes, porém por meio da terceirização.

— Terceirize a atualização da sua base de dados. Não adianta você achar que tem condições de atualizá-la – Peter dizia sempre isto.

Estamos focados nos nossos negócios. Para manter uma base de dados atualizada, terceirize.

Com que frequência você atualiza sua base de clientes? Você deve estar pensando "não tenho tempo para atualizá-la". Eu sei disto, por isto recomendo terceirizar este tipo de ação.

Certa vez li uma entrevista de James Fischer, um recordista de vendas na empresa em que atua. Ele tem todos os recordes possíveis de vendas. O repórter lhe perguntou:

— Qual é o seu segredo?

James respondeu:

— Meu segredo é pensar estrategicamente.

— O que é isto?

— É pensar em algo que ninguém pensa.

— Pode nos explicar – disse o repórter da Revista *Business*.

— É muito simples. Eu vendo para empresas e as empresas vendem o meu produto para o público final. Veja bem, quem são meus vendedores? Quem é o meu esquadrão de vendas? Quem realmente de fato irá vender o meu produto? Eu foco nos vendedores dos meus Clientes, pois estes vendedores de fato são MEUS VENDEDORES.

Ele ainda continuou a explicação

— Eu tenho um banco de dados dos vendedores dos meus clientes. Eu tenho um cadastro de todos. Imagine que os meus clientes têm em média dez vendedores, como tenho 70 Empresas x 10 = 700 vendedores. Isto mesmo, tenho um esquadrão de 700 homens trabalhando para mim.

Esta afirmação de James é algo MUITO FORTE. Imagine que ele não se coloca como um simples vendedor, mas se coloca como um vendedor que tem 700 vendedores trabalhando para ele.

A cabeça dele imagina um ESQUADRÃO DE 700 VENDEDORES, onde ele se coloca como diretor de vendas.

Isto é pensar ALTO EM VENDAS. Ele se comunica e tem um banco de dados dos vendedores dos seus clientes.

Sua equipe de vendas é muito mais do que isto. Sua equipe de vendas são também os vendedores dos seus Clientes.

Aprenda a pensar ALTO EM VENDAS. Pense que você tem muito mais vendedores do que você imagina.

Quando Phil Jackson assumiu a gerência de vendas da MBM Corporate System, a primeira atitude que ele teve junto ao seu quadro de vendas foi marcar uma reunião no elegante Hotel Sheraton, em Nova York. Na pauta da reunião havia muitos assuntos, afinal estava assumindo a gerência de vendas de uma das mais importantes empresas dos Estados Unidos.

Um dos assuntos que Phil Jackson ficou por um bom tempo foi em relação à carteira de clientes de cada vendedor.

Ele afirmava:

— Que tipo de informações temos dos nossos clientes? Quais informações necessitamos dos nossos clientes?

Há uma frase dele que temos que pensar e refletir:

— Não ganhamos pelas informações que temos dos nossos clientes na nossa base de dados, mas pelo que fazemos com estas informações.

Tive o prazer de encontrá-lo em um evento na Cidade do México e o mesmo insistiu em dizer que o segredo é o que fazemos com as informações que temos dos nossos clientes.

Na verdade temos que entender o que é a gestão da sua carteira de clientes. Você sabe o que é gestão da sua carteira de clientes? Qual quantidade de clientes ativos você tem em sua carteira de clientes?

Lembre-se que quantidade não é sinônimo de eficácia.

Quer ver um dos conselhos que Phil me deu em relação à gestão estratégica da sua carteira de clientes?

— Divida sua carteira de clientes em três faixas. A faixa um é composta pelos clientes que compram todos os meses. Esta faixa necessita monitoramento. Porém, fica um alerta se o faturamento está concentrado em POUCOS CLIENTES. Não fique Refém de um ou dois clientes. Não concentre suas vendas em poucos CLIENTES. Pulverize as suas vendas.

Phil deu uma DICA preciosa para tratar com os clientes da faixa um:

— Pense em um contrato de fornecimento. Se você e o cliente estão em uma relação ganha-ganha, por que não acertam um contrato de fornecimento? Isto será bom para você que é vendedor.

— Sobre os clientes da faixa dois, verifique os que têm potencial para comprar mais, mas não estão comprando. Leve o seu gerente de vendas para visitá-los. Lance um verdadeiro ataque aos clientes da faixa dois.

— Sobraram ainda os clientes da faixa três que não representam muita coisa, porém veja se não está gastando tempo desnecessário com estes clientes.

Faça uma Gestão Estratégica da sua Carteira de Clientes.

Carteira de CLIENTES é O SEU PATRIMÔNIO, POR ISTO CUIDE BEM DESTE ASSUNTO.

Capítulo 17

Aprenda com seu líder

K.L.A.
Escola de Vendas

Capítulo 17

Quem é a pessoa que mais pode ajudá-lo hoje na sua carreira de vendedor? Quem pode alavancar a sua carreira? Com certeza é o seu gerente de vendas.

A primeira pessoa que pode ajudá-lo no dia de amanhã ou no dia de hoje é o seu SUPERIOR IMEDIATO. Ele pode ter todos os defeitos do mundo, mas somente ele pode lhe estender a mão de imediato.

Não há profissional bem-sucedido que não tenha um BOM RELACIONAMENTO COM SEU CHEFE. E acredite, há muitos profissionais que não são bem-sucedidos que, quando perguntamos o motivo de as pessoas não terem sucesso, elas respondem "culpa da minha chefia".

Conheço inúmeros profissionais bem-sucedidos. São raros os que falam mal do chefe.

Aproxime-se do seu chefe. Peça ajuda, peça orientação, peça conselhos. Tenho certeza que ele irá ajudá-lo.

Um dos maiores problemas dos vendedores é andarem em bando. Quando se anda em bandos, pouca coisa se aproveita. E o pior é que em bando temos a mania de falar mal da nossa liderança.

Vou lhe dizer o que me disseram 27 anos atrás:

"Não faça parte da fogueira". Eu vou repetir: "Não faça parte da fogueira". É isto mesmo que você acaba de ler. Em todas as empresas existem fogueiras, mas no meio dos vendedores a fogueira é maior ainda.

Caia fora urgente da fogueira. Não fique nela. Na fogueira existe uma série de problemas, mas o maior de todos é falarmos mal do chefe.

Você pode até dizer que não fala mal do chefe, mas os outros falam. E isto já basta para você começar a ter uma outra visão do seu chefe.

Veja o que o seu CHEFE tem de bom. Em que ele pode ajudá-lo e, acima de tudo, conte com a experiência e conhecimento dele para alavancar suas vendas.

O seu CHEFE é, acima de tudo, o seu MENTOR. Ele conhece o NEGÓCIO mais do que você. E tenha certeza que ele quer o seu bem. Ele quer instruí-lo.

Um dos grandes gerentes de vendas do Canadá, Ronald Garcez, diz que um dos papéis principais dos gerentes é "limpar a pasta" do vendedor.

O que é limpar a pasta do vendedor? – Você deve estar perguntando.

Ronald dizia:

"Verifique a rota do seu vendedor. Faça três perguntas a ele: onde você vai? Com quem você vai falar? O que vai ofertar?

Segundo Ronald, isso é o que ele chama LIMPAR A PASTA DO VENDEDOR.

Estas três perguntas, segundo ele, direcionam a rota do vendedor: onde você vai? Com quem você vai falar? O que vai ofertar?

A maioria dos vendedores está programada para TRABALHAR e não para VENDER. Quando o gerente limpa a pasta do vendedor, ele indiretamente está programando o vendedor para vender e não trabalhar.

Os vendedores perdem muito tempo com clientes que não querem comprar ou que tomam o tempo dos vendedores. Quando o chefe faz este tipo de checagem no vendedor, automaticamente ele limpa possíveis investidas dos vendedores onde não se há condição de fazer negócios.

O próprio Ronald dá mais detalhes sobre isto:

"Há muitos vendedores que ficam contentes em terem trabalhado o dia todo. Eles se orgulham de terem dado o sangue, mas se esquecem que não ganhamos por trabalho e sim por vendas. Conheço inúmeros casos assim, por isso o gerente de vendas tem que ser o mentor do vendedor e verificar se ele está trabalhando ou vendendo.

Todos os dias milhares de vendedores no mundo saem às ruas focados em trabalhar. Eles querem cumprir seus roteiros e ficam satisfeitos no final do dia por terem trabalhado muito, mas produziram pouco.

Se você quer ser um gerente de vendas acima da média, aprenda sempre a limpar a pasta dos seus vendedores. Procure saber quem ele está visitando e o que ele está oferecendo. Caso contrário, você terá um esquadrão de trabalhadores e não de vendedores.

Utilize o método de Ronald. Todos os dias de manhã os vendedores lhe passam toda a rota. Ele analisa todas as pendências e verifica se realmente o vendedor está no foco correto.

O que mata uma empresa é o tempo em que os vendedores perdem com clientes que não têm interesse em comprar, mas que tomam tempo dos vendedores.

Milhares de vendedores vão dormir com o pedido do cliente feito, porém está feito somente em pensamento, pois na verdade o cliente está enrolando para dar a resposta.

A partir do momento que o gerente faz essa faxina nas pendências dos vendedores é que se descobre se realmente as pendências são boas.

Aproxime-se do seu gerente de vendas. Peça orientações, peça sugestões no seu trabalho.

Peça para seu gerente compartilhar a SABEDORIA dele. Peça para ele COMPARTILHAR O CONHECIMENTO dele.

Muitos vendedores não DECOLAM pelo simples fato de não se aproximarem do gerente de vendas.

Um dos maiores vendedores de todos os tempos nos Estados Unidos foi Alan Rabinovich. Ele veio de origem humilde. Começou como vendedor de camisas em uma loja, depois passou para gerente e diretor-geral de uma das mais importantes cadeias de vestuário masculino nos Estados Unidos. O segredo do sucesso dele foi contado em seu livro autobiográfico.

Em uma das partes do livro ele explica:

"Se há algo que realmente atrapalha a carreira de um vendedor é ele se distanciar do chefe. Muitos começam a se distanciar, pois são influenciados principalmente pelos outros vendedores. Se você está distante do seu chefe, reaproxime-se o mais rápido possível".

Estas são as sábias palavras de quem foi um vendedor realmente de sucesso. Ele fez tanto sucesso que escreveu o livro da sua vida.

Não deixe o INSUCESSO em vendas aparecer na sua vida ou carreira. Aproxime-se do seu MENTOR número um que é seu chefe.

Há algum outro MENTOR além do seu chefe perto de você? Há alguém que você possa adquirir sabedoria e conhecimento para decolar sua carreira?

Sim, aproxime-se dos melhores VENDEDORES. Eles também poderão ajudá-lo. Aprenda com quem já CHEGOU LÁ.

Não fique sem um MENTOR. Seja um aprendiz!

Capítulo 18

Como agregar valor ao seu produto

K.L.A.
Escola de Vendas

Capítulo 18

No verão de 2001, Bruce Stewart estava reunido com toda sua equipe de vendas em um luxuoso hotel na cidade de Palm Springs. A cidade é agradabilíssima e não havia lugar melhor para ele debater com a sua equipe de vendas o TEMA "Como eles poderiam agregar valor aos produtos que vendiam".

Bruce estava preocupado com a guerra de preços em que estava se transformando a indústria de automóveis nos Estados Unidos e ele não gostaria que seus VENDEDORES estivessem FOCADOS somente em descontos. Ele queria que seus VENDEDORES falassem o quanto menos de DESCONTOS e focassem mais em AGREGAR VALOR AO PRODUTO.

Após várias horas de reuniões, Bruce pediu à sua equipe de vendas que selecionasse as melhores ideias e sugestões do dia. Muitas foram as sugestões, mas algumas chamaram a sua atenção. Ele elegeu três vendedores para ir à frente do grupo e dizer uma ideia, estratégia ou técnica para AGREGAR VALOR AO PRODUTO QUE VENDIAM.

Richard foi o primeiro vendedor a falar:

"Vamos trabalhar com a Lei da Escassez. Vamos colocar sentimento de URGÊNCIA nas negociações. Vamos colocar uma OFERTA ÚNICA e falarmos para os nossos clientes que aquilo é especial".

Paola foi a segunda vendedora a falar:

"Vamos descobrir os sonhos dos nossos clientes. Sabemos que muitos clientes estão comprando um SONHO conosco. Devemos utilizar nas demonstrações a palavra IMAGINE e fazer o cliente imaginar que esteja usando nossos produtos".

Raul foi o terceiro a falar:

"Comente algo que o cliente não espera. São os chamados comentários inteligentes. Vamos comentar assuntos que os nossos clientes não esperavam. Vamos começar a ler intensamente jornais, revistas, etc., para comentarmos coisas que os clientes não esperam. Eles precisam sentir que estão fazendo negócios com vendedores bem informados".

Bruce queria criar novos argumentos ou estratégias para o vendedor não ficar pensando em descontos o dia todo.

Ele se preocupava muito em relação a querer colocar um VALOR AGREGADO. Ele afirmava:

"As Empresas têm que pensar muito bem em querer colocar valor agregado em algo. Muitas vezes, os VENDEDORES não são firmes nos argumentos e estratégias e querem criar valor agregado ao produto. Todas as empresas têm que se planejar antes de querer criar valor agregado, pois podem estar criando despesas".

Há várias formas de se criar valor agregado. O que não pode é criarmos coisas que realmente o cliente não percebe como valor agregado, e o que foi criado acaba sendo uma despesa ou prejuízo para a empresa.

Philip Johnson, fundador da maior escola de negócios de Nova York, queria agregar valor para o aluno no ato da inscrição. Ele achava que se desse um livro no ato da inscrição, as vendas aumentariam. Puro engano. Ele começou a dar o livro e as vendas continuaram a mesma coisa, ou seja, o livro virou uma DESPESA.

Pense muito bem antes de colocar qualquer coisa como valor agregado.

Antes de pensarmos em dar qualquer valor agregado, primeiro vamos melhorar nossos argumentos, melhorar nossa prospecção.

Veja uma outra situação. Como estão os preços dos seus produtos? O seu preço é um DIFERENCIAL? Se o seu preço é um DIFERENCIAL, então este é o VALOR AGREGADO. Se o preço é algo que é ATRATIVO, então você tem que encará-lo como valor agregado.

No final do ano de 2013 certo cliente convidou-me para almoçar. Durante o almoço, ele perguntou:

— Como posso aumentar minhas vendas em 20%? Você acha que devo aumentar o número de vendedores?

— Você quer ganhar dinheiro ou aumentar custo fixo? – Perguntei.

— Quero ganhar dinheiro – respondeu ele.

— Aumentar custo fixo necessariamente não significa aumentar lucro ou faturamento – respondi.

Após um silêncio, o faço concluir:

— Há várias formas de ganhar dinheiro sem aumentar seu quadro de vendas. Uma das formas que posso lhe falar é em relação a sua tabela de preços. É possível aumentar sua tabela de preços em 15%? Você perderá vendas?

Por um minuto ele ficou em silêncio. Depois respondeu:

— Acho que não há problemas.

— Então siga este caminho. Não invista em Custo Fixo, Administração de Pessoas, etc. Faça somente um acerto na sua tabela de preços e, com certeza, você colherá melhores frutos do que colocar seu dinheiro e energia em pessoas. Não tenha a ilusão de que aumentando seus vendedores suas vendas aumentarão. Isto é pura ilusão. Alguns empresários se enganam em relação a isto e incham sua folha de pagamento com vendedores mal treinados, desmotivados e que, na verdade, não produzem nada a mais do que a empresa já vinha produzindo.

Na verdade a maioria dos empresários tem medo de aumentar a tabela e perder vendas.

Vendedores também têm medo de perder vendas com aumento de preços. Eles acham que aumento de preços está diretamente ligado à queda de vendas.

Um vendedor tem que se concentrar em todos os detalhes de uma operação de vendas para ganhar dinheiro. E TABELA DE PREÇOS é um deles.

Poucos vendedores sabem realmente manusear uma tabela de preços. Muitos vendedores baseiam suas tabelas de preços em relação aos concorrentes.

Certa vez ouvi a seguinte frase de um diretor de vendas:

"Qual é o máximo que nosso cliente pode pagar por nossos produtos ou serviços?"

Temos uma visão errada de querer fazer a tabela baseada na concorrência. A pergunta acima mostra muito bem como deve ser nossa visão para montarmos a nossa tabela.

Claro que se você vende *commodities*, a tabela irá pesar no negócio. Mas se você não vende *commodities*, então para que tremer quando se fala em preços?

Há muitas empresas que vendem serviços. Eu lhe pergunto:

"Serviço tem tabela de preços? O serviço de um grande advogado tem algum comparativo? O Serviço de um grande médico tem algum comparativo?"

Certa vez eu e minha esposa procurávamos um médico para minha filha. Ela já havia passado em três ou quatro médicos e ninguém havia solucionado o problema. Tínhamos a indicação de um médico, mas que a consulta beirava a casa dos R$ 1.300,00. Isto mesmo R$ 1.300,00 a consulta.

Eu lhe pergunto:

— De onde o médico tirou este valor como parâmetro? Como ele chegou neste preço, se o que ele vendia era a inteligência dele?

Digo uma coisa, o valor de R$1.300,00 acabou ficando barato demais pelo problema que ele resolveu da minha filha.

Tenho um amigo que costumava dizer:

"Cobre mais do seu cliente para você ser obrigado a dar o máximo"

Não tenha medo de cobrar ou de oferecer mais benefícios em troca de receber mais.

Vender um produto de R$ 100,00 dá o mesmo trabalho que vender um produto de R$ 10.000,00. Acredite, é a mesma coisa. O mesmo argumento para se vender R$ 1.000,00 é usado para se vender R$ 1.000.000,00.

Quando você tem o produto certo direcionado para o público certo, é o mesmo trabalho. O que acontece é tremermos pelo fato de termos um produto novo que o valor é muito mais alto do que o valor que praticamos atualmente em nossos produtos. Isto nos deixa inseguros, porém, se você tiver atacando o PÚBLICO certo, a venda será natural. Repito, dá o mesmo trabalho vender R$ 100,00 ou vender R$ 1.000.000,00.

ACREDITE, antes de falar em VALOR AGREGADO para seus produtos a fim de aumentar seus lucros ou vendas, faça um CHECK-LIST com todos os seus vendedores. Veja que argumentos, técnicas e estratégias eles estão utilizando.

Muitas empresas se preocupam em agregar valor aos seus produtos, mas na verdade o que está faltando para o VENDEDOR são TÉCNICAS DE VENDAS!

Capítulo 19

Quais os segredos dos maiores vendedores do mundo

K.L.A.
Escola de Vendas

Capítulo 19

Por que você parou de vender? – Perguntou o Gerente de Vendas.

— Estou com uma série de problemas particulares – respondeu Richard.

Há duas situações que grandes vendedores do mundo dominam, Estratégias e Resiliência.

Você pode ter as melhores técnicas e estratégias do mundo, mas se não souber lidar com os desafios da vida, esqueça. Não chegará a lugar algum.

Uma coisa você tem que entender é que não há como passar pela vida sem os DESAFIOS dela. Compreenda que os desafios são iguais para mim, para você, para nosso colega, enfim, para todos.

Estes desafios podem nos jogar para baixo se não os dominarmos. O que adianta termos um grande produto, grandes estratégias, se os desafios da vida nos levam para baixo?

Que o diga Paul Castellano. Paul era o primeiro vendedor da Cia Seguros Life Union, mas a separação da sua esposa o fez levar para baixo. Precisou de mais de um ano para se separar.

Paul saiu do céu para o inferno em pouco tempo. Saiu da glória para a desgraça. Sua produção era incrível, mas o casamento que não deu certo o levou praticamente para o inferno. Muito simples isso, ele não estava preparado para os desafios da vida.

Tenha em mente que você terá que ter uma coisa muito rara nos vendedores. Sabe o que é? O poder de ressurgir das cinzas.

Alguns têm, outros não. E você? Tem o poder de ressurgir das cinzas?

Qual é o nome que colocaram nisto? RESILIÊNCIA.

É fácil possuir isto? Claro que não. O poder de ressurgir das cinzas, superar problemas, não é para qualquer um. É para poucos.

Bob Fuentes foi um outro grande exemplo de vendedor. Atingiu o auge com apenas 20 anos de idade numa das maiores empresas de seguros do mundo. Seu auge foi muito rápido. Ele teve vários percalços, mas voltou a se reerguer.

Como dizia Carlos Gomes, proprietário de uma grande empresa de consórcios, "vendedor que não domina os desafios da vida, jamais será um campeão".

Como fazemos para dominar os desafios da vida para não atrapalhar nossa carreira?

A primeira coisa que você tem que fazer para dominar os desafios da vida é ACEITÁ-LOS.

A segunda coisa é entregar-se ao trabalho de corpo e alma. Nada substitui o trabalho. Nada melhor do que o trabalho para combater as dificuldades.

No livro *O poder de ressurgir das cinzas*, o autor James Ferguson cita o caso do vendedor Julio Gomes.

"Julio teve um acidente de carro quando criança. Perdeu a visão de um dos olhos, além de ter feito uma plástica que convenhamos não ficou nada boa. Julio teve que superar este trauma e se tornou um dos maiores vendedores do planeta".

Observe que neste caso o desafio veio antes da glória.

Grandes vendedores do mundo têm resiliência e, além disso, encaram o "não" de um cliente como algo normal, ou seja, faz parte do jogo.

Quantos "nãos" você recebe para ter um "sim"? Vendedores CAMPEÕES não se abatem com os "nãos". Eles sabem que o "não" faz parte do jogo.

Entenda que quando o cliente diz "não", não tem nada a ver com você e sim com o produto ou serviço que você está vendendo. Nunca misture você com o produto que você está vendendo.

Numa tarde de verão de 2009, Sergio Nunes estava com sua autoestima bem abaixo do costume, apesar de ter sido campeão de vendas várias vezes.

Ele precisava de alguma forma resgatar sua autoconfiança, provar que era resiliente e, acima de tudo, teria que voltar a ser campeão novamente.

Ele aprendeu logo no início da carreira que, quando tivesse sentindo que sua autoconfiança estivesse baixa, deveria imediatamente procurar algo para levantá-la. Ele se lembrou de um conselho de um antigo gerente de vendas que dizia que a melhor forma de levantar sua autoconfiança seria ser padrinho de um outro vendedor.

Imediatamente ele começou a apadrinhar um vendedor que não ia bem. Começou a treiná-lo, orientá-lo, levá-lo para fazer visita, ou seja, começou a ser o mentor deste vendedor.

Claro que o fato de você "mentorizar" um vendedor que não está bem, automaticamente sua autoconfiança começa a crescer novamente, pois você se sente responsável perante outro vendedor.

Um outro fator para você voltar a recuperar a sua autoconfiança é retirar um dia para pensar. Retire um dia, vá para algum lugar isolado, pense nas estratégias, ajuste a sua meta. Qualquer coisa que fizer neste sentido lhe dará uma NOVA ENERGIA.

Quer uma outra dica? Esqueça o passado!

Agora, se você quer realmente recuperar sua autoestima, autoconfiança ou seja lá o que for, RELEMBRE TODAS AS SUAS CONQUISTAS.

Isto mesmo. Há quanto tempo você não relembra tudo que conquistou? Há quanto tempo você não relembra as grandes vendas, as conquistas, enfim, as coisas boas?

Se há uma forma de você melhorar rapidamente sua autoconfiança é relembrar tudo de BOM QUE VOCÊ JÁ FEZ.

Certa vez fui visitar um cliente e na parede da sua sala havia uma placa com os dizeres:

"SUBSTITUA A PALAVRA PROBLEMAS PELA PALAVRA DESAFIOS."

Antes de chegar a quase um milhão de ganhos anuais, o lendário vendedor de computadores, Paul Jackson, já dizia que o que o tirou do buraco foi quando ele aprendeu a substituir a palavra PROBLEMAS por DESAFIOS.

— Este foi um dos segredos para o meu sucesso. Eu sempre procurei trocar a palavra problemas por desafios – disse Paul Jackson.

Uma outra característica fundamental dos Campeões de Vendas é que os mesmos não se iludem com o SUCESSO.

Sabe qual um dos principais fatores para um campeão de vendas cair? Achar que não precisa mais fazer o que fazia até chegar ao sucesso. Isso mesmo, muitos campeões chegam ao TOPO e depois acham que já conquistaram o MUNDO.

Os verdadeiros CAMPEÕES DE VENDAS lutam, conquistam todos os dias.

Capítulo 20

Construindo seu sistema de vendas

K.L.A.
Escola de Vendas

Capítulo 20

Uma noite estava em uma palestra do americano Jimmy Macdonald, quando ele explicou algo que para sempre mudou a mente dos vendedores que estavam ali presentes.

Ele perguntou para todos os presentes:

"O foco de vocês está na melhoria do produto ou no modelo de vendas que utilizam?".

Muitos vendedores focam em melhorar a qualidade dos produtos. Não que isto esteja errado. De forma alguma, claro que você tem que melhorar os seus PRODUTOS, mas jamais ESQUEÇA do seu SISTEMA DE VENDAS ou MODELO DE VENDAS, sei lá como você chama isto. O que quero dizer é a FORMA COMO VOCÊ VENDE SEUS PRODUTOS.

Quantas formas você utiliza para vender seus produtos? Quantos caminhos você utiliza para vender seus produtos?

Estava em um almoço com o consultor Bruce James e discutíamos exatamente isto. No meio do almoço, aproveitei para fazer algumas perguntas a ele:

— Bruce, o que é um modelo de vendas eficiente?

— Oras, é a forma como você vende seus produtos. Alguns chamam canais de vendas.

— Explique melhor – perguntei a ele.

— Preste atenção. Você pode ir de Los Angeles a Nova York de várias formas. Pode ir de carro, de avião, de ônibus e mais algumas outras maneiras. É assim que funciona em vendas. Você tem que utilizar várias formas para se chegar ao seu ALVO que são seus clientes. O que acontece é que na maioria das vezes os Vendedores somente utilizam uma FORMA para se chegar aos clientes, ou seja, ficam REFÉNS somente de um CANAL DE VENDAS.

Ele ainda acrescentou:

— Por que você acha que às vezes um vendedor não vai bem? É simples, porque na maioria das vezes a empresa somente utiliza um canal de vendas. E quando este canal não está vendendo bem, as vendas começam a cair.

Fiquei olhando para os olhos de Bruce e voltei a perguntar:

— É vantagem termos vários canais de vendas?

— Dependendo do seu ramo de atividades e área de atuação é uma grande vantagem.

— Como assim? – Perguntei.

— Imagine que você vende um produto e que a cidade inteira está disponível para você vender. Pense então que você pode utilizar várias formas para se chegar a um cliente. Você pode fazer visitas pessoais, parcerias, divulgação em locais públicos, etc. O que eu sou contra é o vendedor ter somente um canal de vendas, ficar REFÉM somente de um modelo de vendas.

Patrick Erwing, dono de uma das maiores redes de livrarias dos Estados Unidos e que começou vendendo de porta em porta, diz:

"Enquanto vendedor eu jamais fiquei refém somente de um modelo de vendas. Eu tinha no mínimo cinco ou seis modelos diferentes de prospecção."

Se você é vendedor e está lendo este livro agora, fique atento quanto a isto. Quantas formas ou quantos canais de vendas você utiliza?

Claro que entendo que há alguns ramos de atividades em que não dá para ter mais do que dois canais de vendas, mas na medida do possível não tenha somente um canal.

Certa vez conheci um homem muito rico, riquíssimo mesmo. Ele tinha negócios em vários países. Ele tinha tanto dinheiro que se deu ao luxo de se aposentar com menos de 50 anos.

Eu perguntei a ele qual era o seu segredo. Ele respondeu:

— Foi muito simples. Eu me especializei em um produto e estudei todas as formas de vendê-lo. Eu sabia que tinha a melhor mercadoria, mas o meu FOCO diário era desenvolver SISTEMAS DE VENDAS.

Muitas vezes, quando vamos enfrentar nossos Concorrentes, ficamos de olho somente no produto deles e temos por objetivo fabricar um produto melhor. Claro que isto é válido, mas não é somente isto. Você tem que estudar o CANAL DE VENDAS que eles utilizam ou, melhor, você tem que saber como ELES VENDEM OS PRODUTOS DELES.

A grande pergunta para você é "HÁ UMA OUTRA FORMA DE VOCÊ VENDER O SEU PRODUTO OU SERVIÇO?".

Você tem utilizado outros CAMINHOS? Utilizado outras ferramentas? Quais ferramentas você tem utilizado?

Anos atrás saiu uma matéria na Revista *Business & Sales* com o título "O PODER DO TELEFONE NO MUNDO DAS VENDAS". Essa matéria de três páginas falava em como utilizar esta FERRAMENTA EFICAZ em VENDAS.

Em uma das entrevistas da matéria, a especialista em vendas por telefone, Kelly Britner, afirmava que poucos vendedores utilizam corretamente o telefone.

Segundo Kelly, ela afirmava que o telefone tem que ser usado corretamente para se tornar uma PODEROSA FERRAMENTA DE VENDAS.

Uma das dicas era:

"Nunca ligue para um cliente sem antes anotar os PONTOS que serão discutidos. Planeje sua ligação. Planeje os pontos que serão discutidos. Planeje seus argumentos e, o mais importante, defina o OBJETIVO PRINCIPAL DA SUA LIGAÇÃO."

Muitos vendedores ligam para os clientes sem planejar nada disto.

Kelly ainda acrescentou:

"Se você for ligar para vender, fique atento se realmente está falando com a pessoa que decide".

Há inúmeros vendedores perdendo tempo com ligações e falando com quem não decide.

Um dos mestres do marketing direto, Peter Macdonald, disse-me em um encontro:

"Há empresas que gastam milhões em envios de mala direta. Elas poderiam ser muito mais eficazes se mandassem menos, porém utilizassem o telefone para ligarem assim que o cliente recebesse a mala direta via correio."

Eu perguntei a Peter:

— Por favor, explique melhor isto.

Ele respondeu:

— Um vendedor terá muito mais argumento quando ligar para o cliente e o mesmo ter em mãos o catálogo recebido um dia antes. É mais fácil persuadir o cliente desta forma.

O que ele queria dizer é que COMBINE O TELEFONEMA COM SEU MARKETING DIRETO. Você faz isto?

Quer saber de um outro parceiro IDEAL para o TELEFONEMA? O E-MAIL. Isto mesmo, utilize o e-mail junto com o telefone. Esta é uma das melhores "duplas" de negócios que você pode ter no seu dia a dia.

É impressionante como muitos vendedores não descobriram isso ainda. Ou utilizam de forma incorreta o TELEFONE junto com o E-MAIL.

Você acha que é mais fácil falar com um cliente nos dias de hoje por e-mail ou por telefone? Com certeza, em 80% dos casos, é mais fácil falar com o cliente por e-mail do que por telefone. Porém, o arremate do negócio ou a utilização de argumentos podem e devem ser feitos via fone.

O mais importante é você entender que estas duas ferramentas caminham JUNTAS.

Pense – TELEFONE + E-MAIL – Ferramentas indispensáveis no seu MODELO DE VENDAS.

Para construir um sistema eficiente de Vendas, você tem que ter consciência que não deve ficar REFÉM DE UM ÚNICO MODELO DE VENDAS. GRANDES CAMPEÕES SABEM QUE HÁ NECESSIDADE DE BUSCAR NOVAS FORMAS DE VENDER O SEU PRODUTO.

Capítulo 21

Planejamento financeiro para vendedores

K.L.A.
Escola de Vendas

Capítulo 21

Quando você poderá vir até o banco e pagar o que deve? Richard pensou e respondeu:

— Eu não tenho dinheiro agora.

— Oras, não é problema nosso. Este problema é seu. Você tem que cobrir a conta imediatamente – argumentou o gerente do banco.

Este diálogo aconteceu com Richard várias vezes somente no último ano.

Você acha que um vendedor tem cabeça para trabalhar com um endividamento? Você acha que um vendedor pode render o seu máximo com o peso de uma dívida nos seus ombros todos os dias?

Tenha certeza que 95% ou mais dos vendedores não conseguem dar o seu máximo com o peso das dívidas nos ombros. É impossível render 100% do seu potencial. Digo isso com conhecimento de causa.

Houve épocas em que eu devia tanto que praticamente o meu tempo era para correr atrás dos credores a fim de negociar. Praticamente não sobrava tempo para vender.

Você tem dívidas? Você controla bem as suas finanças pessoais? As dívidas estão o atrapalhando?

Há milhares de vendedores nas ruas preocupados com dívidas. E isso, com certeza, afeta o desempenho de quase todos.

Tome uma atitude igual fez a vendedora Kelly Simon.

"Eu cortei todos os meus cartões de crédito. Era impossível trabalhar devendo tanto para os cartões. Além de tirar minha energia, a administração destes cartões tirava todo o meu tempo. Ainda tinha mais uma coisa que me incomodava. Eu não conseguia pagar 100% do cartão, ou seja, estava o tempo todo no crédito rotativo. Hoje não utilizo mais cartões de crédito. Trabalho com meu dinheiro próprio. Passei a ter maior qualidade de vida e a render muito mais no meu trabalho."

Na verdade, ela se libertou de algo que poucos conseguem se libertar. Conseguiu se livrar dos cartões de crédito.

Veja um outro problema. Quantas contas bancárias você tem? De quantas contas bancárias realmente necessita? Há vendedores que tem duas ou três contas bancárias. Será que é necessário isso mesmo?

Além de gastar tempo com várias contas bancárias, você ainda tem as taxas e comissões dos bancos. Isso sem falar se está utilizando o limite das suas contas bancárias.

Um dos maiores gerentes de vendas que conheci na vida foi Norbert Duwal. Ele nunca se descuidou da vida financeira dos seus vendedores.

Em um café, ele me confidenciou:

— Eu sempre estou de olho na vida financeira dos meus vendedores. Claro que eu não tenho nada a ver com isso, mas sou um orientador, um conselheiro. Você sabe muito bem que vendedor com dívidas não rende 100%.

Eu lhe fiz uma pergunta:

— Qual é o problema mais sério de um vendedor em relação a endividamento?

Ele pensou e respondeu:

— Há vendedores que começam a ganhar dinheiro e automaticamente começam a comprar mais e a gastar mais. Porém se esquecem que podem estar em uma fase próspera, mas na vida dos vendedores há altos e baixos em termos de ganhos. É incrível o número de VENDEDORES que conheci e que estavam muito bem, mas começaram a GASTAR MUITO e tivemos que mandá-los embora para receberem suas rescisões a fim de saldarem as dívidas.

Fiz uma outra pergunta para ele:

— Em algum momento a empresa ajudou estes vendedores?

— Nunca emprestamos dinheiro aos nossos vendedores e também não fazemos antecipações de comissões futuras. O problema não é dinheiro e sim o comportamento do vendedor em relação ao que ganha e ao que gasta.

Ele ainda complementou:

— Não somos bancos para emprestar dinheiro aos nossos vendedores e nem tampouco uma instituição de caridade. Queremos vendedores que realmente saibam administrar a sua vida financeira.

Durante a conversa com Norbert, percebi que o mais o deixou exaltado foi quando ele mencionou que o vendedor começa a ganhar um dinheiro e já começa a elevar o padrão de vida, comprar novos carros e assim vai.

Outra coisa que me impressionou muito foi quando ele disse que conheceu inúmeros vendedores que vendiam bem, que estavam sempre entusiasmados, mas a partir do momento que contraíram dívidas, sua motivação baixou muito.

Reorganize seu fluxo de caixa. Reorganize suas despesas mensais. Procure colocar suas contas em um único dia para pagar. Qual é o melhor dia para pagar suas contas?

Uma das coisas que mais motivam Jim, vendedor de carros de Long Island, é quando ele vê dinheiro na conta dele.

"Coloquei todas as minhas contas para pagar em um único dia, assim mexo com dinheiro somente uma vez por mês. Consegui junto à escola a alteração da data e fiz o mesmo na concessionária de energia. Desta forma meu DINHEIRO FICA ESTACIONADO NA MINHA CONTA CORRENTE POR UM PERÍODO BEM MAIOR. É muito bom ver o dinheiro estacionado na minha conta bancária e isto aumenta ainda mais a minha motivação."

Se há algo que o VENDEDOR tem que dominar na carreira dele é a ARTE DE MANDAR NO DINHEIRO. Poucos vendedores conseguem MANDAR NO DINHEIRO. A maioria dos vendedores trabalha para o dinheiro. O certo é o dinheiro trabalhar para o vendedor.

Eu não sei como está a sua vida financeira hoje, mas com certeza o que você definir hoje refletirá na sua vida lá na frente.

Pense no total de dinheiro que passou nas suas mãos nos últimos cinco anos e quanto você realmente guardou. A partir deste exercício, você saberá se tem foco ou não em GUARDAR DINHEIRO.

Qual o montante de dinheiro que você tem guardado hoje? Qual é o montante de dinheiro que você quer ter guardado daqui a dez anos?

Fique atento com as SURPRESAS da vida. Fique atento com o valor que passa em suas mãos e quanto realmente você guarda.

TRATE O DINHEIRO COMO UM AMIGO, porém um AMIGO que um dia você PRECISARÁ.

Capítulo 22

As maiores técnicas de vendas do mundo

K.L.A.
Escola de Vendas

Capítulo 22

Nova York, 05 de Outubro de 2013.

A cidade está repleta de vendedores que vieram de todas as partes dos Estados Unidos para o Encontro Nacional de Vendas que acontece a cada dois anos.

O grande vendedor, Michael Shmitz, está apreensivo, pois será o primeiro vendedor a se apresentar.

Michael se preparou durante três meses e a sua ansiedade está no mais alto grau que um ser humano pode ter. Ele foi convocado para ser um dos palestrantes, devido ao fato de ser o vendedor número 1 da Manhattan Seguros.

Afinal, todos queriam saber "quais os segredos de Michael Shmitz".

O Lincoln Convention Center estava cheio naquele dia. O mestre de cerimônias já se posicionava. Michael estava mais nervoso ainda. Finalmente ele foi chamado ao palco.

Sua voz praticamente não saiu na primeira tentativa de falar, porém o mestre de cerimônias preferiu fazer uma entrevista com ele, ao invés de deixar Michael falar sozinho.

— Michael, existe alguma técnica de vendas que você gostaria de compartilhar conosco?

— Existem várias, mas selecionei pelo menos duas que acho muito importantes.

— Por favor, conte-nos – pediu o Mestre de Cerimônias.

— Há algo que eu faço e dá muito retorno. Quando o cliente diz que não quer comprar, eu digo que tudo bem, mas mesmo assim vou mostrar a tabela de preços. É incrível como muitos clientes que disseram não acabam comprando depois de verem a tabela de preços.

Michael afirmou que mesmo o cliente dizendo não, ele insiste em mostrar a tabela de preços ou falar o preço, pois muitos clientes, quando veem o preço, acabam comparando com outros produtos, enxergam um benefício e acabam comprando.

Ele explica também uma outra técnica usada na frente do cliente.

"Costumo fazer o cliente interagir comigo nas negociações. Há clientes que gostam de calcular, outros gostam de escrever. Quando sinto que isto pode acontecer, eu mesmo dou a máquina de calcular para o cliente e peço para ele fazer os cálculos. Tenho sempre em mãos folhas brancas, prontas para o cliente escrever."

Se você é vendedor, não tenha dúvidas que técnicas de vendas, quando bem aplicadas, funcionam e dão resultados satisfatórios.

É impressionante como muitos vendedores não têm ou não praticam TÉCNICA alguma nas negociações. Algumas técnicas dão muito resultado.

Fiquei impressionado quando um gerente de vendas que tive no passado orientou-me a levar os contratos preenchidos antes de visitar os clientes. Confesso que no primeiro momento eu me senti mal, mas depois eu percebi o QUANTO ISTO VALIA A PENA.

Assumir a VENDA é algo que dá ao vendedor uma AUTOCONFIANÇA INCRÍVEL. E o cliente percebe isto. Alguns clientes se assustavam quando eu chegava com o contrato preenchido, mas eu já avisava "isto somente tem validade se o senhor assinar".

Não há problema algum você visitar um cliente com a proposta preenchida. Se você explicar ao cliente que ela só tem validade somente se ele assinar, não tenha dúvidas que ele entenderá.

Veja uma outra técnica de vendas. Você sabe o que é "construir uma ponte" em relação a um cliente? O que acontece se você entrar na sala de um cliente e ver, por exemplo, um quadro exposto dos Beatles e você é fã dos Beatles? Qual é o assunto que você deverá falar com o cliente? Com certeza os Beatles serão uma "ponte" entre vocês dois.

Tente perceber, logo no início da sua conversa com o cliente, que tipo de pontes você pode ter com ele. Campeões de vendas são HÁBEIS em pontos de aproximação.

Rui Guerra, grande treinador de vendedores, afirma que não há CAMPEÃO DE VENDAS que não procure "construir uma ponte" junto aos clientes.

Há vários estrategistas de vendas no mundo, porém um dos poucos que realmente conhece vendas é Nick Nuckis.

Nick tem algumas estratégias, mas uma que ele leva ao pé da letra:

"O seu produto ou serviço permite um *test drive* ou degustação? Se permite, faça então."

O produto que você vende é bom? O produto que você vende tem qualidade? Se a sua resposta é positiva, então nada melhor que o seu próprio produto vender por si só.

Deixe o cliente experimentar o seu produto. Deixe ele sentir que é bom e depois você não precisa vender, somente precisa finalizar o negócio.

Coloque o seu cliente em ação. Coloque ele para utilizar o que você vende.

Mark Trump, grande vendedor de *softwares* para pequenas e médias empresas, é um especialista nisto. Ele mesmo explica:

"Sempre falo para os meus clientes que, mesmo eles querendo comprar de imediato, eu não deixo. Primeiro eu faço eles experimentarem o nosso *software* e depois assinamos o contrato. O fato deles experimentarem o nosso produto, aumenta consideravelmente a confiança que o cliente tem conosco."

Mark também fala do seu hábito de nunca visitar um cliente sem antes pesquisá-lo na Internet, Linkedin, Facebook, etc. Tudo isso o ajuda ainda mais no contato com os clientes.

Mas o que ele gosta mesmo de falar é sobre PERGUNTAS PODEROSAS EM VENDAS.

"Sou um sucesso em vendas, porque tenho uma habilidade incrível em fazer perguntas."

Ele listou as três perguntas que considera PODEROSAS em uma negociação em vendas:

* O que o senhor achou do meu produto?

* Você gosta de dar lucros para sua empresa?

* De 0 a 10, qual a nota que o senhor dá para minha proposta?

Ele explica que estas três perguntas são TÉCNICAS PODEROSAS e, quando bem feitas, aceleram muito o fechamento dos negócios.

Faça como os CAMPEÕES, aprimore suas TÉCNICAS DE VENDAS.

Capítulo 23

Como manter sua autoestima elevada

K.L.A.
Escola de Vendas

Capítulo 23

Quantas vezes você já conquistou algo na sua vida? Quantas vezes você já comemorou? Quantas vezes você disse "eu sou o cara"?

Um dos segredos para manter sua autoestima elevada é comemorar pequenas vitórias.

O jovem ganhador do prêmio de melhor vendedor da Califórnia, Alain Patrick, disse que uma das melhores formas de manter elevada a autoestima do vendedor é ele comemorar cada pequena meta alcançada.

As pessoas estão preparadas somente para grandes vitórias e não pequenas vitórias. Todos querem atingir um grande objetivo para fazer uma grande festa e esquecem que se, em todas as vezes que batermos pequenas metas, comemorássemos, com certeza nossa autoestima ficaria em alta todos os dias.

Steve disse que a cada pequena meta atingida, uma COMEMORAÇÃO. Toda a sua vida de vendedor sempre foi pautada em pequenas metas, até para que tenha FESTA TODOS OS DIAS.

Tenha metas diárias, semanais, metas particulares para você. Metas que possa comemorar todos os dias.

Há algo em nós que tem que ser vitaminado todos os dias, ou seja, a nossa autoestima.

Todos temos coisas para comemorar. Todos temos coisas que fizemos e que outros não conseguiram fazer.

O maior gerente de vendas que vi na minha vida se chamava Clark Ferguson. Clark era um gênio em um aspecto, LEVANTAR A AUTOESTIMA DOS VENDEDORES.

Clark aplicava uma técnica muito específica para isto.

Certa vez, em uma entrevista para a Revista People Sales, o repórter perguntou qual era a técnica que ele utilizava para deixar a autoestima do vendedor sempre em alta.

— Clark, como você mantém em alta a autoestima da sua equipe? – perguntou o repórter.

— Eu aplico uma técnica muito forte com eles. Eu memorizo e relembro as conquistas de cada um.

— Como assim?

— Qualquer conquista de cada vendedor, independente se a conquista seja pequena ou grande, eu memorizo. Porém, não é só memorizar, mas relembrar para o vendedor que ele já conquistou algo. É incrível como a pessoa reage quando alguém a lembra que ele já conquistou algo de bom.

Basta dizer que ninguém nos lembra das nossas conquistas. Poucas pessoas vão nos lembrar daquilo de bom que já fizemos. Aliás, as pessoas somente lembram das coisas ruins que fizemos e raramente das coisas boas.

Não há combustível melhor para você colocar na sua equipe do que memorizar e relembrar as coisas boas que cada um já fez.

Isto é acertar no alvo quando diz para um vendedor:

"João, lembra que você entrou aqui e não tinha um carro para andar? E na campanha de 2001 você venceu e conseguiu comprar seu carro?"

Ou outra frase como esta:

"Claudia, lembre-se que em 2007 você queria comprar uma casa e conseguiu, pois ficou em primeiro lugar naquele ano."

São coisas que um Gerente pode memorizar e relembrar sempre. Isto é de um efeito incrível. Os vendedores se sentem importantes. Eles relembram que um dia conquistaram alguma coisa.

Eu mesmo, nos meus momentos difíceis, procuro lembrar o que de bom fiz nos meus negócios. Começo a lembrar das minhas conquistas e não dos meus fracassos. Desta forma, volto a ganhar força e energia para superar o que me incomoda.

Nas vezes em que estive no fundo do poço, o que me fez voltar foram duas coisas, pensar alto e depois pensar no que eu já havia conquistado.

Pensar alto me faz pensar em coisas que gosto, em coisas que desejo, em coisas que gostaria de conquistar. E pensar em coisas que já havia conquistado me mantém com a mente com lembranças boas.

De fato, o que me tirou do fundo do poço foi pensar alto, pensar grande. Esta foi a diferença em momentos difíceis. Pensar alto me fazia pensar em coisas que me motivavam para voltar a vencer.

Eu não sei o que se passa na sua cabeça agora, mas lembre-se que a única coisa que me manteve vivo nos períodos difíceis foi PENSAR ALTO, PENSAR GRANDE. Esta é a grande diferença, quando se está em momentos difíceis, pois é quase impossível pensar alto quando se está lá embaixo. Este é o SEGREDO, pense ALTO, mesmo nos momentos de baixa.

Capítulo 24

Ensine os outros vendedores e aprenderá cada vez mais

K.L.A.
Escola de Vendas

Capítulo 24

Quantos anos estuda um médico? Quantos anos estuda um advogado?

Não sei se você concorda comigo, mas eles estudam a vida inteira. E nós, empresários, vendedores, gerentes de vendas, quantos anos estudamos?

Há quanto tempo você vendedor não lê um livro? Há quanto tempo você não participa de um treinamento? Há quanto tempo você não assiste um vídeo sobre técnicas de vendas?

O trabalho de um vendedor/gestor/empresário é um trabalho ou profissão igual as outras, ou seja, temos que nos alimentar de conhecimento o tempo todo.

Imagine um médico que não se atualiza. Imagine um advogado que não se atualiza. É a mesma coisa conosco, temos que nos atualizar constantemente.

Segundo a Revista People Sales, a maioria das empresas está refém somente do seu aprendizado. Em uma matéria de capa, ela alerta as empresas para usarem somente o conhecimento produzido por elas mesmas.

Busque CONHECIMENTO para você se tornar um GRANDE CAMPEÃO DE VENDAS. Não fique utilizando somente o conhecimento produzido por você, veja o conhecimento dos outros.

Spencer Carlson criou um império no ramo de cosméticos. Ele disse que criou o seu Império somente utilizando conhecimento dos outros para implantar na sua Empresa.

O que ele fez? Veja o que ele disse com suas próprias palavras:

"Eu busco conhecimento para minha empresa e vendedores todos os dias. Atualizo minha Equipe com informações, técnicas de vendas e gestão. Com certeza o segredo do sucesso da nossa empresa é o quanto buscamos de conhecimento dos outros."

Busque conhecimento para sua Equipe. Seja um EDUCADOR.

Se você quer uma equipe que respire VENDAS, alimente-a com conhecimento sobre vendas, estratégias, liderança, etc.

Concentre-se em ser um educador do seu time. Foque em dar CONHECIMENTO para ele.

Claro que você tem que mandar seus vendedores participarem de seminários, *workshops*, etc, mas seja você o principal GURU dos seus Vendedores.

Malcon Smith era um verdadeiro professor para sua equipe. Ele não se considerava um gerente, mas um treinador.

Em uma palestra para empresários, Malcon disse:

"O gerente de vendas que for somente gerente está fadado ao fracasso. Ele tem que ser um treinador de vendedores. O fato de se considerar um TREINADOR, todos os dias, fará com que busque novos métodos, ensinando novas técnicas."

Procure sair da condição de gerente e ir para a condição de treinador.

O fato de você ter em mente que é um TREINADOR, isto o obrigará a pensar em treinar sua EQUIPE TODOS OS DIAS.

Encare ser TREINADOR melhor do que ser gerente. Experimente isto por um mês e verá resultados extraordinários no seu negócio.

Coloque uma disciplina para cima deste anúncio, ou seja, coloque uma disciplina para ser Educador, para pesquisar sobre técnicas e empresas de sucesso, e verá um resultado extraordinário no seu negócio.

Treine, treine, treine! Treinamento constante para sua equipe e para você.

Assine revistas de Treinamentos, de Vendas, de Estratégias. Compre DVDs, faça uma FILMOTECA no seu escritório, colecione artigos de revistas, enfim, ALIMENTE SUA EQUIPE com conhecimento de VENDAS e terá o maior esquadrão de vendas do mundo.

Você que é gerente de vendas, tenho certeza que você quer o melhor conhecimento para o seu filho. Concorda? Você quer que seu filho frequente a melhor escola, certo? E os seus vendedores, você não gostaria que tivessem conhecimento também? Você não gostaria que seus vendedores fossem educados para serem campeões? Então cabe a você, que dirige, educar e treinar seus vendedores.

Não se iluda que alguém fará isto por você. Somente você que é líder pode dar conhecimento para sua equipe.

Se você quer uma máquina de vendas, terá que pensar e atuar como se fosse o CHEFE DA EQUIPE.

Qualquer pessoa pode tirar o que quiser de você, mas seu conhecimento ninguém tira.

A melhor forma de aprender é ENSINAR. Ensine e você aprenderá.

O grande segredo não é continuar aprendendo, o GRANDE SEGREDO É COMEÇAR A ENSINAR.

NUNCA DEIXE DE ENSINAR, POIS ASSIM VOCÊ NUNCA DEIXARÁ DE APRENDER.

E AGORA, QUEM VOCÊ ENSINARÁ?

Capítulo 25

Mensagem final A vida é uma venda

K.L.A.
Escola de Vendas

Capítulo 25

Fevereiro de 1987. Quase 30 anos atrás. Nesta época eu estava com 19 anos.

O Gerente de R.H. de uma das maiores empresas de vendas do país me fez a seguinte pergunta:

– Como você quer trabalhar aqui se nem ao menos carro você tem?

— Oras, eu dou um jeito – respondi para ele.

— Eu não acredito que você quer entrar em uma empresa que forma os maiores vendedores do mercado e ainda nos diz que não tem carro para visitar os clientes. Como você fará? - Afirmou ele, desta vez um tanto quanto nervoso.

Por um minuto pensei e respondi:

— Somente preciso de uma chance. Não interessa se tenho ou não carro, o que eu preciso é trabalhar.

Despeço-me dele e digo que vou dar um jeito e que voltaria no outro dia.

Volto no dia seguinte, e ele faz a mesma pergunta:

— Arrumou um carro para trabalhar conosco? – Perguntou.

— Sim, minha mãe me ajudará a comprar um carro. Portanto já estou disponível. Se o problema é um carro, por favor, pode me dar uma chance.

Ele respondeu:

— Confirmado. Manterei minha palavra. O emprego é seu!

A partir deste dia eu começaria a minha carreira de vendedor. Nestes últimos 28 anos, passei o tempo todo vendendo. Não há um único dia que eu não pensei em o que fazer no dia seguinte para vender mais.

Não há uma outra forma de vencer na vida, do que aprender a VENDER.

Não interessa qual é a sua profissão, onde você está, o que está fazendo atualmente e o que planeja fazer. Você sempre terá que ao menos VENDER VOCÊ!

Para vencer, você precisará se VENDER. Esta é a habilidade número um para qualquer pessoa, não importando qual é o campo de atuação.

Algumas pessoas gastam verdadeiras fortunas para adquirir um vasto conhecimento na sua área. Claro que isso é bom e essencial, mas se esquecem que a mercadoria número um que elas têm que aprender a vender são elas próprias.

Você deve estar querendo fazer uma pergunta para mim: "...como faço para me vender...?"

Eu vou "tentar" lhe responder com uma outra pergunta:

"Quais são os seus talentos?".

Agora você deve estar querendo fazer uma outra pergunta: "como descubro os meus talentos?"

Eu lhe respondo:

"...o que você faz bem e que todo mundo diz?" "no que as pessoas que o rodeiam diz que você é bom?" "o que você consegue fazer 10, 12, 15 horas por dia sem se cansar?". Aí estão os seus TALENTOS!

Dai ao mundo os seus talentos e será o MAIOR VENDEDOR DE TODOS OS TEMPOS!